テストの範囲や学習予定日をかこう！

学習計画 出題範囲	学習予定日
5/14 テストの日	5/10 5/11

写真提供：アフロ，国立国会図書館，国立歴史民俗博物館，首藤光一，神戸市立博物館所蔵／DNPartcom，正倉院宝物，東京国立博物館／TNM Image Archives，東大寺／美術院，月岡陽一，長岡市馬高縄文館，東大阪市立郷土博物館，姫路市，平等院，横浜開港資料館，鹿苑寺，早稲田大学図書館，ALBUM，Alinari，Bridgeman Images（五十音順・敬称略）

第1編 私たちと歴史
第2編 古代までの日本と世界

年代・時代区分のあらわし方／1 人類の始まりと文明

❶B.C.
Before Christ（イエス〔キリスト〕誕生以前）の略。

❷世紀
西暦で，100年を単位とする年代の数え方。

❸年号〔元号〕
日本で使われている年代の数え方。

❹猿人
約700万年前に誕生した最初の人類。

❺直立二足歩行
人類の特徴。

❻打製石器
石を打ち割ってつくられた道具。

❼原人
約200万年前に出現した人類。

❽新人
精巧な打製石器や骨角器を使用。

❾旧石器時代
打製石器を使い，移動生活をしていた時代。

❿磨製石器
石をみがいてつくられた道具。

テストに出る！ ココが要点 解答 p.1

1 年代・時代区分のあらわし方 教 p.11

▶ 年代のあらわし方
- 西暦…イエスが生まれたと考えられていた年を第１年とする。
  - ◇第１年以降は，「紀元○年」，第1年以前は，「紀元前○年」。
  - ◇紀元前は（❶　　　　），紀元後はA.D.。
- （❷　　　　）…西暦の100年を単位とした言い方。
- （❸　　　　）…明治，大正，昭和，平成，令和など。
  - ◇最初の年を元年（１年）として年数をあらわす。

▶ 時代区分の方法
- 社会のしくみの特徴による区分…**原始**，**古代**，**中世**，近世，**近代**，**現代**の６区分。
- 政治の中心地の名称や年号による区分…飛鳥時代，江戸時代，明治時代，昭和時代など。日本の歴史を分けるときに使用。

2 人類の出現 教 p.18～p.19

▶ 人類の出現と進化
- （❹　　　　）…最初の人類。（❺　　　　）を始め両手が使えるようになる。（❻　　　　）**石器**をつくる。
- （❼　　　　）…火を使用し，氷河時代を生き抜く。
- 旧人…ことばを使う能力を発達させる。
- （❽　　　　）…現在の人類の直接の祖先。
- （❾　　　　）…打製石器を使用し，食料となる動物を追って，移動生活をしていた時代。

▶ 農耕と牧畜の始まり…氷河時代が終わったことで環境が変化。
- 新石器時代…（❿　　　　）**石器**を使い，農耕と牧畜を行って，定住生活をするようになった時代。
- **原始時代**…旧石器時代と新石器時代を合わせたいい方。

3 古代文明の誕生 教 p.20～p.21

▶ 水と農業に適した土地にめぐまれた大河の流域に都市が誕生。
- 都市では，銅とすずから青銅器を製作。
- やがて都市が国家に発展→文明が始まる。

ココが要点の答えになります。

4 中国の文明と東アジア世界

教 p.22～p.23

▶ 中国の文明…紀元前5000年ごろ，長江流域ではイネ，黄河流域ではアワを中心に農耕が始まる。

- 殷…紀元前1600年ごろ，黄河流域におこった**中国文明**最初の国。
  - ◇(⓮　　　　　)文字の使用。　◇**青銅器**の使用。

▶ 統一国家の誕生…殷→周→戦乱が続く春秋・戦国時代。

- **孔子**が道徳を重んじる教え(**儒教**)を説く。
- 秦…紀元前221年，(⓯　　　　　)が初めて中国を統一。
  - ◇貨幣や文字，度量衡を統一し，**万里の長城**を整備する。
- 漢…(⓰　　　　　)(**絹の道**)でローマ帝国と交易。

▶ 朝鮮半島の国々…漢による支配ののち，紀元前1世紀の末に，北部に高句麗がおこり，南部では小国が分立する。

5 ギリシャ・ローマの文明

教 p.24～p.25

▶ ギリシャの文明…(⓱　　　　　)(都市国家)がおこる。

- 紀元前6世紀末，**アテネ**で民会による民主政。

▶ **ヘレニズム**時代…アレクサンドロス大王の東方遠征。

▶ ローマ帝国…共和政のもとで勢力を拡大し，地中海全域を征服→紀元前1世紀末，皇帝による統治へ。

6 文明と宗教

教 p.26～p.27

▶ 仏教…紀元前6世紀ごろ，インドで(⓲　　　　　)が開く。のちに中国や日本へも伝わる。

▶ キリスト教…1世紀初め，パレスチナで(⓳　　　　　)が説く。4世紀末に，ローマ皇帝によって公認される。

▶ イスラム教…7世紀初め，アラビア半島で唯一神**アッラー**の教えを授かった(⓴　　　　　)が説く。

満点★ミッション

⓫**メソポタミア文明**
紀元前3500年ごろ，ティグリス川とユーフラテス川にはさまれた地域でおこる。

⓬**エジプト文明**
紀元前3100年ごろ，ナイル川の流域でおこる。

⓭**インダス文明**
紀元前2600年ごろ，インダス川の流域でおこる。

⓮**甲骨文字**
漢字のもととなる。

⓯**始皇帝**
中国を初めて統一した秦の皇帝。

⓰**シルクロード**
西アジアや地中海と中国を結ぶ交易路。

⓱**ポリス**
ギリシャ人がつくった都市国家。

⓲**シャカ**
仏教を開く。修行によりだれでも苦しみから救われると説く。

⓳**イエス**
キリスト教を開く。弟子が神の教えをまとめた聖書をつくる。

⓴**ムハンマド**
イスラム教をおこす。聖典はクルアーン(コーラン)。

解答 p.1

テストに出る!

予想問題 〈年代・時代区分のあらわし方〉 1 人類の始まりと文明

30分

/100点

1 次の問いに答えなさい。

4点×3〔12点〕

(1) 次の①・②の(　　)にあてはまる語句や数字を書きなさい。

① (　　)での100年をひとまとめにしたいい方を世紀という。 (　　　　)

② 紀元前221年は，紀元前(　　)世紀である。 (　　　　)

(2) 社会のしくみの特徴(とくちょう)で時代を区分したとき，原始(げんし)の次にくる時代を何といいますか。

(　　　　)

2 右の年表を見て，次の問いに答えなさい。

4点×4〔16点〕

年代	できごと
700万年前ごろ	a 猿人(えんじん)が出現する
200万年前ごろ	b 原人(げんじん)が出現する
60万年前ごろ	旧人が出現する
20万年前ごろ	新人(しんじん)が出現する
1万年前ごろ	氷河時代が終わる……X

(1) 下線部aが初めて出現した地域(ちいき)を，□から選びなさい。 (　　　　)

アジア　　ヨーロッパ　　アフリカ

(2) 下線部aが身につけた移動のしかたを何といいますか。 (　　　　)

(3) 下線部bが毛皮のほかに寒い気候に適応するために使うようになったものは何ですか。

(　　　　)

(4) 年表中のX以降(いこう)の，農耕(のうこう)や牧畜(ぼくちく)が始まり，磨製石器(ませいせっき)が使われるようになった時代を何といいますか。 (　　　　)

3 右の地図を見て，次の問いに答えなさい。

3点×8〔24点〕

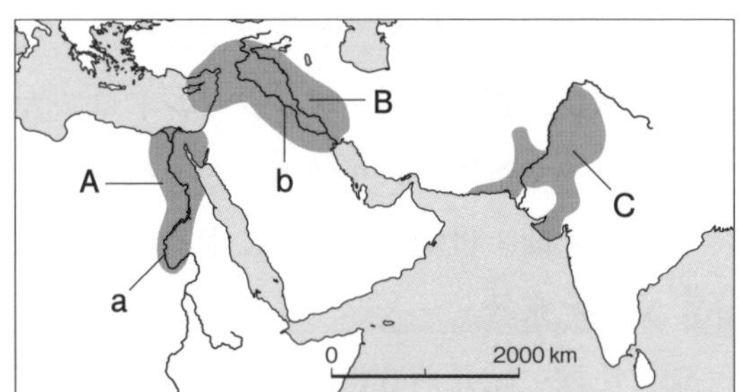

よく出る (1) 地図中のA～Cの地域におこった文明を，それぞれ何といいますか。

A (　　　　)

B (　　　　)

C (　　　　)

よく出る (2) 地図中のa・bの川を，それぞれ何といいますか。 a (　　　　) b (　　　　)

(3) 地図中のA・Bの地域の文明で使われた文字を，それぞれ何といいますか。

A (　　　　) B (　　　　)

(4) 都市で製作された，銅とすずの合金でつくられる金属器を何といいますか。

(　　　　)

ちょっとひといき 「何日に何ページやる！」と具体的に目標を決めて勉強しよう！

4 次の文を読んで，あとの問いに答えなさい。　3点×7〔21点〕

紀元前1600年ごろ，中国の黄河流域(こうがりゅういき)におこった（ A ）は，紀元前11世紀に周(しゅう)にほろぼされた。周がおとろえた後は，a 争いの絶えない時代が数百年続いた。

紀元前221年には，（ B ）の b 始皇帝(しこうてい)が中国を統一した。（ B ）にかわった（ C ）は，c 西方のローマ帝国と交易を行った。

(1) 文中のA～Cにあてはまる国名をそれぞれ書きなさい。

A（　　　　）　B（　　　　）　C（　　　　）

(2) 文中のAの国で使われていた文字を何といいますか。（　　　　）

(3) 下線部aのころ，儒教(じゅきょう)のもととなる教えを説いた人物はだれですか。

（　　　　）

(4) 下線部bの人物が，北方の遊牧民の侵入(しんにゅう)を防ぐために整備した建造物を何といいますか。

（　　　　）

(5) 下線部cの交易に使われた道を何といいますか。（　　　　）

5 次の問いに答えなさい。　3点×3〔9点〕

(1) ギリシャ人が地中海(ちちゅうかい)東部に建設した都市国家を何といいますか。（　　　　）

(2) イタリア半島の都市国家であったローマでとられていた，元老院(げんろういん)と任期1年の二人の執政官(しっせいかん)が国の政治を指導するしくみを何といいますか。（　　　　）

(3) ローマの建造物としてあてはまらないものを，次から選びなさい。（　　）

ア　コロッセオ　　イ　水道橋　　ウ　パルテノン神殿　　エ　浴場

6 次の文を読んで，あとの問いに答えなさい。　3点×6〔18点〕

A　イエスは（ a ）に現れ，神の愛を説いた。のちに聖書(せいしょ)に教えがまとめられた。

B　（ b ）でシャカが説いた教えは，中国を経て日本へ伝えられた。

C　（ c ）のメッカで生まれたムハンマドが唯一神(ゆいいつしん)アッラーから授かった教えは，のちにクルアーン(コーラン)にまとめられた。

よく出る (1) A～Cは，それぞれ何という宗教について述べていますか。

A（　　　　）　B（　　　　）　C（　　　　）

(2) 文中のa～cにあてはまる地名を，□からそれぞれ選びなさい。

a（　　　　）　b（　　　　）　c（　　　　）

中国　　インド　　アラビア半島　　チベット　　パレスチナ

2 日本列島の人々と国家の形成①

テストに出る！ ココが要点　解答 p.2

1 日本人のルーツと縄文時代　教 p.28～p.29

▶ 日本の旧石器時代…**岩宿遺跡**で**打製石器**が出土。

● 約2万年前，日本は大陸と地続き→ナウマンゾウやオオツノジカが大陸からわたる。人々は移動をくり返すくらし。

▶ 縄文時代…縄目の文様がある（❶　　　　）**土器**を使用し，**狩り**や**採集**をした時代。約1万5000年前から始まる。

● （❷　　　　）…貝殻や魚の骨などが積もったあと。

● （❸　　　　）に住む→やがて**ムラ**をつくり，定住。

● 土偶…女性の姿を模した土製の人形。

2 稲作の広まりと弥生時代　教 p.30～p.31

▶ （❹　　　　）…中国大陸や朝鮮半島南部より伝来。

● **石包丁**で稲の穂をつみ取る。　● 高床倉庫に貯蔵。

● 弥生時代…本格的な農業が始まった時代。紀元前4世紀ごろから紀元後3世紀。実用的な（❺　　　　）**土器**を使用。

● 稲作とともに青銅器と（❻　　　　）が伝わる。

▶ ムラからクニへ…**王**を中心に**クニ**を形成。

● 倭の奴の国王…漢に使いを送り，金印をあたえられる。

▶ 邪馬台国…女王（❼　　　　）が30ほどの小国を従え，魏に使いを送る→『**魏志**』**倭人伝**に記録されている。

3 ヤマト王権と渡来人　教 p.32～p.33

▶ ヤマト王権…（❽　　　　）を中心とする政権。

● 九州地方から関東地方までの**豪族**が従う。

◇ 豪族たちは**氏**という集団をつくる。

● 古墳…王や豪族の墓。巨大な**前方後円墳**が大和周辺に集中。

◇ **埴輪**がならべられる。　◇ **大仙（仁徳陵）古墳**…日本最大。

● 古墳時代…古墳がつくられた時代。3世紀後半～7世紀ごろ。

▶ 5世紀，5代にわたり倭王が中国の南朝に使いを送る。

▶ 朝鮮半島…北部に高句麗（コグリョ），南部に**百済**（ペクチェ）・新羅（シルラ）・**伽耶**（**任那**（イムナ））地域。

● ヤマト王権は半島南部の国・地域と強いつながりをもつ。

▶ 朝鮮との交流→（❾　　　　）が（❿　　　　）を焼く技術・**漢字**・**儒教**・**仏教**などを伝える。

❶ 縄文土器
煮炊きに使われた縄文時代の土器。

❷ 貝塚
縄文時代のごみをすてたあと。

❸ 竪穴住居
地面を掘り下げて床とした住居。

❹ 稲作
縄文時代末ごろ日本に伝わった，米を生産する農業。

❺ 弥生土器
かざりの少ない弥生時代の土器。

❻ 鉄器
農具や武器の刃先に使われた。

❼ 卑弥呼
邪馬台国の女王。

❽ 大王
ヤマト王権の支配者。

❾ 渡来人
朝鮮半島などから移住し，記録・財政・政治に関わった人々。

❿ 須恵器
渡来人が伝えた，高温で焼く土器。

ココが要点の答えになります。

解答 p.2

教科書 p.28～p.33

テストに出る！

予想問題　2 日本列島の人々と国家の形成①

30分　/100点

1 次の文を読んで，あとの問いに答えなさい。

(1)～(4)8点×7，(5)9点〔65点〕

日本で土器が使われるようになった（ A ）には，人々は a 地面を掘り下げて柱を立て，屋根をかけた住居をつくり，狩りや採集をしてくらした。b 稲作とともに，日本には（ B ）や青銅器も伝わった。稲作が本格化した（ C ）には，ムラどうしが争うようになった。

よく出る (1) 文中のA～Cにあてはまる時代名や語句をそれぞれ書きなさい。

A（　　　　） B（　　　　）
C（　　　　）

(2) 下線部aの住居を何といいますか。
（　　　　）

(3) 下線部bに関し，稲の穂をつみ取る道具を何といいますか。
（　　　　）

資料

倭人の国は多くの国に分かれているが，そのなかで最も強い（　　）は，30ほどの小国を従えて，女王の卑弥呼が治めている。（中略）卑弥呼が死ぬと，大きな墓がつくられ，100人もの奴婢（奴隷）がいっしょにうずめられた。

（中国の古い歴史書にある倭人伝から一部要約）

(4) 右の資料は，文中のCの時代と関係します。次の問いに答えなさい。

① 資料中の（　）にあてはまる国名を書きなさい。（　　　　）

② 資料中の下線部の人物が使いを送った相手の国名を書きなさい。（　　　　）

記述 (5) 資料から，当時の日本はどのような社会だったと考えられますか。簡単に書きなさい。

王や奴隷といった（　　　　　　　　）社会。

2 右の年表を見て，次の問いに答えなさい。

7点×5〔35点〕

年代	できごと
3世紀後半	a 古墳がつくられるようになる
4世紀ごろ	（ A ）が成立する
4～5世紀	（ A ）による支配が進む
6世紀	渡来人が（ B ）や儒教を伝える

よく出る (1) 下線部aに関し，右の写真のような形の古墳を何といいますか。また，大阪府にあるこの日本最大の古墳を何といいますか。

形（　　　　）
古墳名（　　　　）

(2) 年表中のAにあてはまる語句を書きなさい。
（　　　　）

(3) 年表中のAの支配者は，国内では何とよばれていましたか。
（　　　　）

(4) 年表中のBにあてはまる宗教は何ですか。
（　　　　）

ちょっとひといき　新品のノートを買ってみたり，とりあえず形から入るのも効果的！

2 日本列島の人々と国家の形成②

テストに出る！ ココが要点　解答 p.2

1 東アジアの統一国家　教 p.38～p.39

- 中国…6世紀末，(❶　　　　　)が南北朝を統一。
  - ●隋がほろびる→(❷　　　　　)がおこる。
    - ◇(❸　　　　　)に基づく強力な中央集権国家。
    - ◇シルクロードを通じた貿易→**長安**が国際都市として栄える。
- 朝鮮半島…**新羅**(シルラ)が**百済**(ペクチェ)・**高句麗**(コグリョ)をほろぼし朝鮮半島を統一。

2 聖徳太子と飛鳥文化　教 p.40～p.41

- 6世紀，**蘇我氏**が力をもつ→物部氏をほろぼす。
- **推古天皇**の即位→**聖徳太子**(**厩戸皇子**)が蘇我馬子とともに国家のしくみを整える。
  - ●(❹　　　　　)…豪族たちの序列をはっきりさせる。
  - ●(❺　　　　　)…役人の心がまえを示す。
  - ●**小野妹子**らを(❻　　　　　)として派遣。
    →隋がほろんで唐がおこると**遣唐使**が派遣される。
- **飛鳥時代**…奈良盆地南部の飛鳥地方が政治の中心だった時代。
- **飛鳥文化**…飛鳥時代に栄えた，**仏教**を中心とする文化。
  - ●6世紀中ごろ，百済から仏教が伝わる。
  - ●(❼　　　　　)…現存する世界最古の木造建築。
    - ◇代表的な美術作品…**釈迦三尊像**や**玉虫厨子**。

3 律令国家の成立　教 p.42～p.43

- 645年，**中大兄皇子**と**中臣鎌足**(藤原鎌足)が蘇我氏をたおす。
  - ●(❽　　　　　)…天皇中心の国をめざす政治改革。
    - ◇(❾　　　　　)…すべての土地と人々を天皇が支配。
- 朝鮮半島…唐と**新羅**が連合して**百済**をほろぼす。
  - ●百済復興のために倭国軍が進軍→**白村江の戦い**で敗戦。
    →九州北部に**防人**をおき，山城や水城を築く…攻撃にそなえる。
- 中大兄皇子が即位し，**天智天皇**となる→全国的な戸籍づくり。
  - ●死後，あとつぎをめぐり(❿　　　　　)が起こる。
    →勝利した**天武天皇**が中央集権国家の建設をすすめる。
- 天武天皇の死後，持統天皇が**藤原京**を完成させる。
- 701年，(⓫　　　　　)の制定→**律令国家**成立。

満点ミッション

❶**隋**
589年に中国を統一した国。

❷**唐**
618年に中国におこった国。

❸**律令**
刑法と政治を行うための規定。

❹**冠位十二階**
役人の位を定めた制度。

❺**十七条の憲法**
役人の心がまえを示したきまり。

❻**遣隋使**
隋に送られた使い。

❼**法隆寺**
聖徳太子が奈良に建てた飛鳥文化を代表する寺。

❽**大化の改新**
645年からの天皇中心の政治をめざした改革。

❾**公地公民**
土地と人民を国のものとする方針。

❿**壬申の乱**
天智天皇の死後のあとつぎ争い。

⓫**大宝律令**
701年制定の律令。

ココが要点の答えになります。

解答 p.2

テストに出る！

予想問題　2 日本列島の人々と国家の形成②

30分　/100点

1 右の年表を見て，次の問いに答えなさい。　8点×6〔48点〕

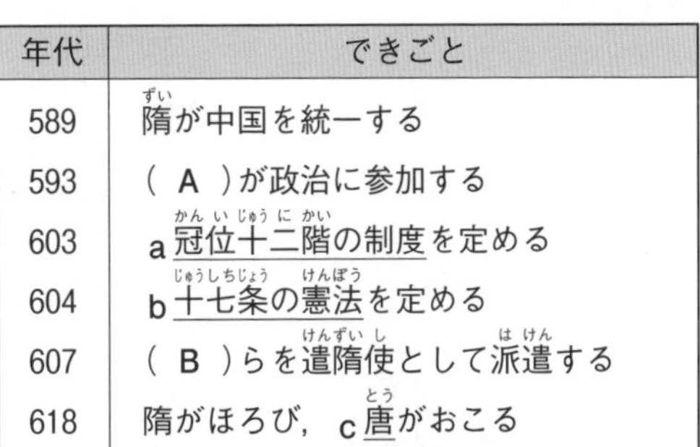

年代	できごと
589	隋が中国を統一する
593	（ A ）が政治に参加する
603	a 冠位十二階の制度を定める
604	b 十七条の憲法を定める
607	（ B ）らを遣隋使として派遣する
618	隋がほろび，c 唐がおこる

(1) 年表中のA・Bにあてはまる人物を書きなさい。
A（　　　　）
B（　　　　）

(2) 下線部aは，どのようなしくみですか。次から選びなさい。（　　）

ア 刑の重さを決定するしくみ

イ 家がらのよい人を役人にとり立てるしくみ

ウ 役人の序列をはっきりさせるしくみ

エ 仏教をさかんにするためのしくみ

(3) 下線部bは，だれに対して出されたものですか。□から選びなさい。（　　　　）

農民　役人　天皇

(4) 右の写真の，Aの人物が建てた現存する世界最古の木造建築が残る寺院を何といいますか。（　　　　）

(5) 人口100万人の国際都市として栄えた，下線部cの国の都を何といいますか。（　　　　）

2 次の文を読んで，あとの問いに答えなさい。　(3)12点，8点×5〔52点〕

645年，蘇我氏がほろぼされ，大化の改新が始まった。672年，天皇のあとつぎをめぐって（ A ）が起こり，勝利した（ B ）が，天皇中心の国づくりをすすめた。701年には，唐の律令にならい大宝律令が制定された。律令に基づいて政治を行う国家を（ C ）という。

(1) 文中のA～Cにあてはまる語句や人物名をそれぞれ書きなさい。
A（　　　　）　B（　　　　）　C（　　　　）

よく出る (2) 下線部の改革を始めた，中心人物二人の名を書きなさい。
（　　　　）（　　　　）

記述 (3) 下線部の改革は「公地公民」の方針をかかげましたが，その内容はどのようなものですか。「土地」「人民」の語句を用いて簡単に書きなさい。
（　　　　　　　　）

ちょっとひといき　迷う問題はどんどん飛ばして，まず最後まで解ききろう！

3 古代国家の展開①

満点★ミッション

❶平城京
710年，奈良盆地北部につくられた都。

❷朝廷
全国を支配する，天皇を中心とした政府。

❸戸籍
唐にならった，人民支配のしくみ。人々の性別や年齢を記した。

❹口分田
戸籍をもとに人々に割り当てられた農地。

❺租
人々にかけられた，稲で納める税。

❻天平文化
聖武天皇のころの年号をとった文化。

❼正倉院
東大寺にある，聖武天皇の遺品など1万点以上の宝物を納めていた倉庫。

❽東大寺
奈良の都に聖武天皇が建てた寺。

❾万葉集
天平文化の代表的な和歌集。

❿風土記
国ごとの地理書。

ココが要点の答えになります。

テストに出る！ ココが要点 解答 p.3

1 奈良の都と人々のくらし

教 p.44〜p.47

▶ **奈良時代**…710年に（❶　　　　）に都が移されてから，のちに長岡京に都が移されるまでの時代。
◇都は**皇族**・**貴族**や庶民が住む，日本最大の都市として栄える。

- **市**…都の東西におかれ，全国からとどく品物が取り引きされる。
- 中央…平城宮に天皇中心の政府＝（❷　　　　）。
◇天皇の住居（内裏）や，二官八省の役所がおかれる。
- 地方…全国を国・郡に区分し，中央から役人を派遣。
◇**国司**…都の貴族。　◇**郡司**…地元の豪族。
◇**大宰府**…九州北部で，唐や新羅（シルラ）との外交や防衛にあたる。

▶ 律令国家のもとでのくらし

- 班田収授…朝廷が（❸　　　　）にもとづいて6歳以上の男女に（❹　　　　）を割り当て，死後は国に返させる。
- 農民の重い負担。
◇（❺　　　　）…収穫量の約３％の稲。
◇**調**…地方の特産物。　◇**庸**…麻の布。　◇**兵役**・**労役**。
→農地をすてて逃亡する人々などが現れる。
- **墾田永年私財法**…新たに開墾した農地は開墾した者が私有。
→貴族や寺社が**荘園**を広げる。
- 貧富の差が拡大する一方，経済が発展→**和同開珎**などの貨幣。

2 天平文化と聖武天皇

教 p.48〜p.50

▶ （❻　　　　）…奈良時代に栄えた，国際色豊かで，はなやかな文化。**遣唐使**が唐の文化をもたらす。

- **聖武天皇**のころ栄える。（❼　　　　）の宝物。

▶ 仏教の力で政治や社会の安定をはかる。鑑真や行基の活躍。

建築物	**国分寺**…国ごとに**国分尼寺**とともに建てられる。 （❽　　　　）…都に建てられる。**大仏**がつくられる。
和歌集	（❾　　　　）…天皇・貴族・庶民（防人）の歌。
歴史書	『**古事記**』・『**日本書紀**』…国家のおこりや，天皇の由来を記す。
地理書	『（❿　　　　）』…国ごとの自然や産物・伝説を記す。

テストに出る！

予想問題 3 古代国家の展開①

30分

/100点

1 次の文を読んで，あとの問いに答えなさい。

(1)～(4)6点×9，(5)10点〔64点〕

710年，奈良の（ A ）に都が移された。都の東西には（ B ）がおかれ，全国からとどく品物が取り引きされた。日本の各地は a 国・郡に分けられ，都と道路で結ばれた。農民は b 口分田を割り当てられ，c さまざまな税や労役，3年間九州北部を警備する（ C ）などの兵役を負担した。朝廷は743年，d 墾田永年私財法を制定した。

(1) 文中のA～Cにあてはまる語句をそれぞれ書きなさい。

A（　　　　）　B（　　　　）　C（　　　　）

(2) 下線部aの2つを治めた役職を，それぞれ何といいますか。

国（　　　　）　郡（　　　　）

よく出る (3) 下線部bを割り当て，死ぬと国に返させた制度を何といいますか。（　　　　）

よく出る (4) 下線部cについてまとめた右の表のD～Fにあてはまる語句をそれぞれ書きなさい。

税	D	収穫量の約3％の稲
	E	地方の特産物
	F	麻の布

D（　　　　）　E（　　　　）　F（　　　　）

記述 (5) 下線部dは，どのような内容ですか。「開墾」の語句を用いて簡単に書きなさい。

（　　　　）

2 次の文を読んで，あとの問いに答えなさい。

6点×6〔36点〕

奈良時代，（ A ）天皇のころ，（ B ）の文化や仏教の影響を受けた，国際色豊かで，はなやかな天平文化が栄えた。

(1) 文中のA・Bにあてはまる人物名や国名を書きなさい。

A（　　　　）天皇　B（　　　　）

(2) Aの人物が，仏教の力で国を治めようとして建立し，右の大仏がおかれた寺を何といいますか。（　　　　）

(3) 失明するなどの苦労の末にBから来日し，日本の仏教の発展につくした僧はだれですか。（　　　　）

(4) このころ，国家のおこりや天皇の由来などを説明するためにまとめられた歴史書を，2つ書きなさい。

（　　　　）（　　　　）

ちょっとひといき 似ている漢字を書いて減点されたら悔しい…！ 部首も注意して用語を覚えよう！

3 古代国家の展開②

❶平安京
794年，京都につくられた都。

❷征夷大将軍
蝦夷を平定するために派遣された軍の長。

❸最澄
唐から帰国して天台宗を広めた僧。

❹空海
唐から帰国して真言宗を広めた僧。

❺浄土信仰
阿弥陀仏にすがって，極楽浄土に生まれ変わることを願う信仰。

❻摂政
天皇が幼いとき，助けて政治を行う役職。

❼藤原道長
藤原氏の全盛期を築いた人物。

❽かな文字
ひらがなとかたかな。

❾源氏物語
貴族の生活をえがいた長編小説。

❿古今和歌集
天皇の命令でつくられた最初の歌集。

テストに出る！ **ココが要点** 解答 p.3

1 平安京と桓武天皇 教 p.52〜p.53

▶ **平安時代**…794年に**桓武天皇**が（❶　　　　）に都を移してから，鎌倉幕府が開かれるまでの約400年間。

- 律令政治の立て直し…・国司の不正のとりしまり，税や労役・兵役の軽減，班田収授の強化など。
- 東北地方の支配を強化…**坂上田村麻呂**を（❷　　　　）に任命し，**蝦夷**を平定。

▶ 新しい仏教…平安時代の初めに唐から伝わる。

- （❸　　　　）…**天台宗**を広める。**比叡山**の**延暦寺**。
- （❹　　　　）…**真言宗**を広める。**高野山**の**金剛峯寺**。

▶ （❺　　　　）…念仏をとなえて阿弥陀仏の救いを願い，極楽浄土に生まれ変わることを求める信仰。

- 末法思想の広まりとともに盛んとなる。
- 庶民のあいだでも念仏が流行。
- **平等院鳳凰堂**…藤原頼通が極楽浄土のようすを再現。

2 摂関政治と国風文化 教 p.54〜p.57

▶ **摂関政治**…天皇が幼いときには（❻　　　　），成人してからは**関白**となり，天皇にかわり政治権力をにぎる。

- **藤原氏**…摂政・関白の地位を独占。
  - ◇娘を天皇のきさきとし，その子を次の天皇とする。
  - ◇（❼　　　　）とその子の**頼通**の時代に全盛。

▶ 東アジアの変化…**唐**・**渤海**・**新羅**が次々にほろびる。

- 唐のおとろえ→各国で独自の文化。日本は遣唐使を停止。

▶ **国風文化**…日本の風土やくらしに合った優美な文化。

- 貴族の女性の十二単や貴族の男性の束帯など日本風の服装。
- **寝殿造**の邸宅。
- 日本の風景や人物をえがく**大和絵**。
- （❽　　　　）を使った文学の発達。
  - ◇物語…『**竹取物語**』，『（❾　　　　）』（**紫式部**）。
  - ◇随筆…『**枕草子**』（**清少納言**）。
  - ◇歌集…『（❿　　　　）』（**紀貫之**らが編さん）。

ココが要点の答えになります。

テストに出る！

予想問題　3 古代国家の展開②

30分　/100点

1 右の年表を見て，次の問いに答えなさい。　7点×8〔56点〕

年代	できごと
794	（ A ）天皇が平安京に都を移す
802	（ B ）が蝦夷を平定する
804	a 最澄と空海が唐にわたる
1053	b 平等院鳳凰堂が建てられる

(1) 年表中のA・Bにあてはまる人物を書きなさい。

A（　　　　　）天皇
B（　　　　　）

(2) 下線部aについて，次の文中のC～Fにあてはまる語句をそれぞれ書きなさい。

C（　　　　　）　D（　　　　　）
E（　　　　　）　F（　　　　　）

> 唐から帰国した最澄は，比叡山に（ C ）を建て，新しい仏教の宗派である（ D ）を広めた。同じ時期に唐から帰国した空海は，高野山に（ E ）を建て，（ F ）を広めた。

(3) 下線部bについて，次の問いに答えなさい。

① この建物を建てたのはだれですか。（　　　　　）

② この建物は，阿弥陀仏にすがって極楽浄土への生まれ変わりを願う信仰によってつくられました。この信仰を何といいますか。（　　　　　）

2 次の文を読んで，あとの問いに答えなさい。　(1)9点，(2)～(4)7点×5〔44点〕

> 9世紀の中ごろから，藤原氏が他の貴族をしりぞけて勢力をのばし，a 摂関政治とよばれる政治を行った。唐がおとろえると，その文化的な影響力がうすれ，（　　）とよばれる，b 日本の風土やくらしに合った文化が生まれた。このころ，漢字からかな文字がつくられ，日本語や日本人の感情が表現しやすくなると c 文学が発達した。

記述 (1) 下線部aはどのような政治か，簡単に書きなさい。
（　　　　　　　　　　　　　　　　）

(2) 文中の（　　）にあてはまる文化の名を書きなさい。（　　　　　）

(3) 下線部bについて，日本の風景や人物をえがいた絵を何といいますか。
（　　　　　）

よく出る (4) 下線部cについてまとめた右の表のA～Cにあてはまる作品名や作者名をそれぞれ書きなさい。

分野	作品名	作者・編さん者
物語	『（ A ）』	紫式部
随筆	『枕草子』	（ B ）
歌集	『（ C ）』	紀貫之ら

A（　　　　　）
B（　　　　　）　C（　　　　　）

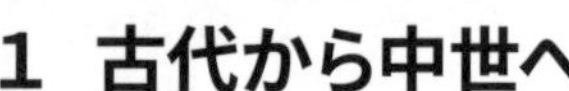

第3編 中世の日本と世界

1 古代から中世へ

❶武士
武芸によって，朝廷や国司に仕えた人々。

❷平将門
10世紀に，関東で反乱を起こした人物。

❸藤原純友
10世紀に，西日本で反乱を起こした人物。

❹源氏
関東地方で大きな勢力をもった武士団。

❺奥州藤原氏
東北地方を支配した一族。

❻院政
上皇によって行われる政治。

❼荘園
貴族や寺社の私有地で，税が免除された。

❽僧兵
寺院の荘園を守るために武装した僧。

❾平清盛
太政大臣となり，武士として初めて政治の実権をにぎった人物。

❿日宋貿易
宋（中国）との貿易。

テストに出る！ ココが要点 解答 p.4

1 武士の登場 教 p.68～p.69

▶ 武士のおこり…土地をめぐる争いなどから，各地の豪族が武装。→武芸に優れた者が朝廷や国司につかえ，（❶　　　　　）とよばれる→**武士団**を形成。

- 10世紀中ごろの武士の反乱→朝廷は武士の力を借りて平定。
  - ◇関東…（❷　　　　　）が起こす（935～40）。
  - ◇西日本…（❸　　　　　）が起こす（939～41）。
- 武士団…（❹　　　　　）と平氏の２つにまとまる。

▶ 東北地方…11世紀後半２度の戦乱を源氏の**棟梁**である源義家がしずめる→源氏が関東地方などで大きな勢力をもつ。

- （❺　　　　　）…東北地方を支配し，平泉（岩手県）を都市として整え，**中尊寺金色堂**を建てる。

2 院政と平氏政権 教 p.70～p.71

▶ （❻　　　　　）…**白河天皇**は，上皇となってからも摂政や関白をおさえて政治を続ける。

▶ 地方の武士…貴族や寺社に土地を寄進→（❼　　　　　）の荘官となり，税を納めなくてよいことを認められた。

▶ 上皇への荘園の寄進が増加→全国の土地は，国司が支配する**公領**と，上皇・貴族・寺社が支配する**荘園**とに分かれる。

- 武士が公領の管理も行う。
- 大寺院の（❽　　　　　）に対抗し，上皇や貴族は源氏や平氏を用いる→武士の中央進出のきっかけ。

▶ 平氏の政治…**保元の乱**・**平治の乱**で勝利し，実権をにぎる。

- 源義朝…平治の乱で（❾　　　　　）に敗れる。
  - ◇子の頼朝が伊豆（静岡県）に流される。
- **平清盛**…太政大臣となり，武士として初めて政権をにぎる。
  - ◇一族を朝廷の高い役職につける。
  - ◇娘を天皇のきさきにし，生まれた子を天皇に立てる。
  - ◇兵庫の港を整備し，（❿　　　　　）を進める。

▶ 中国…唐がほろび，10世紀後半に**宋**が統一。

▶ 朝鮮半島…10世紀中ごろに高麗が新羅をほろぼし統一。

ココが要点の答えになります。

解答 p.4

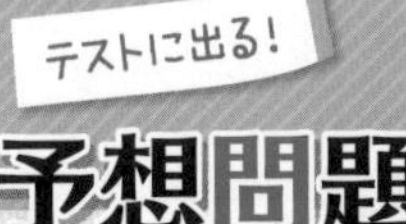

1 古代から中世へ

30分 /100点

1 右の地図を見て，次の問いに答えなさい。 7点×8〔56点〕

(1) 地図中のA・Bで，10世紀の中ごろに反乱を起こした武士はだれですか。それぞれ書きなさい。 A（　　） B（　　）

(2) 平安時代の中ごろに大きくなった2つの武士団を書きなさい。
（　　）（　　）

0 200km
X
A の主な合戦地
B の推定勢力範囲

(3) 地図中の★で，11世紀に起こった安倍氏や清原氏の反乱や勢力争いをしずめた武士の棟梁はだれですか。 （　　）

(4) 地図中のXについて，次の問いに答えなさい。

① 11世紀末から12世紀に，Xを中心に東北地方を支配した一族を何といいますか。 （　　）

② ①が整備した，Xの都市を何といいますか。 （　　）

③ ①が②に建てた寺院にある，金をふんだんに用いた豪華な建物を何といいますか。 （　　）

2 右の年表を見て，次の問いに答えなさい。 (1)9点，(2)～(6)7点×5〔44点〕

年代	できごと
1086	a 院政が始まる
1156	b 保元の乱が起こる
1159	（ A ）が起こる
1167	（ B ）が太政大臣となる

記述 (1) 年表中の下線部aはどのような政治ですか。簡単に書きなさい。
（　　）

(2) 下線部aを始めたのはだれですか。 （　　）上皇

(3) 年表中の下線部bはどのような戦乱ですか。あやまっているものを次から選びなさい。 （　）

ア 次の天皇の位をめぐって起こった。

イ 院政の実権をめぐって天皇家や藤原氏が争った。

ウ 武士の力によって解決された。

(4) 源義朝が敗れ，子の頼朝が伊豆に流された，年表中のAにあてはまる戦乱の名を書きなさい。 （　　）

(5) (4)に勝利した，年表中のBにあてはまる人物はだれですか。 （　　）

(6) (5)の人物が兵庫の港を整備して行った貿易を何といいますか。 （　　）

ちょっとひといき 場所を覚えるときは，実際に地図に書き込んでみよう！

第3編 中世の日本と世界

2 鎌倉幕府の成立

テストに出る！ ココが要点 解答 p.4

1 鎌倉幕府の政治 教 p.72～p.73

▶ 伊豆の（❶　　　　）らが平氏をたおすため兵をあげる。

- 源頼朝は武士と主従関係を結び，御家人とする。
- 源義経が**壇ノ浦の戦い**(1185年)で平氏をほろぼす。
  - ◇（❷　　　　）…国ごとにおかれる。
  - ◇（❸　　　　）…荘園や公領におかれる。
- 1192年，頼朝が征夷大将軍に任命される。
  - ◇（❹　　　　）…鎌倉幕府の続いた約140年間。
- （❺　　　　）と奉公の関係。

将軍	→ 領地を公認・保護。守護や地頭に任命。 ← 京都・鎌倉の警備。戦いに命をかける。	御家人

▶ 執権政治…頼朝の死後，妻の政子の実家である北条氏が執権という地位について政治を行う。

- （❻　　　　）…源氏の将軍が３代で絶えると，**後鳥羽上皇**が幕府をたおそうと兵をあげるが敗れる。
  - ◇後鳥羽上皇は隠岐(島根県)に流される。
  - ◇幕府は京都に六波羅探題をおいて朝廷を監視。
- （❼　　　　）(貞永式目)…執権の**北条泰時**が定めた，武家社会のならわしをまとめた法律。

2 鎌倉時代の人々のくらし 教 p.76～p.77

▶ 京都と鎌倉を結ぶ**東海道**で人のゆききが盛んになる。

- 京都…貴族や荘園領主が多く住み，全国から年貢が集まる。
- 鎌倉…武家政治の中心地として町づくりが進む。

▶ 武士…村の領主として農業を営みながら武芸にはげむ。

- **惣領**…一族の中心。　● 領地は一族で**分割相続**。

▶ 農民…荘園領主と地頭からの二重支配→地頭を訴える動きも。

▶ 農業の発達

- 麦を裏作とする（❽　　　　）や，草木灰の肥料が普及。
- 桑・漆・茶などの（❾　　　　）の栽培が始まる。

▶ （❿　　　　）…寺社の門前や交通の要地で開かれる。

- 宋などから輸入した貨幣が流通→**高利貸し**が現れる。

❶源頼朝
平氏をたおし，鎌倉幕府を開いた人物。

❷守護
国ごとにおかれ，軍事などを担った役職。

❸地頭
荘園や公領の管理を担った役職。

❹鎌倉時代
鎌倉に幕府がおかれていた時代。

❺御恩
将軍が御家人の利益を守ることなど。

❻承久の乱
1221年に後鳥羽上皇が起こした乱。

❼御成敗式目
武家社会のならわしをまとめた法律。

❽二毛作
同じ耕地で1年に2種類の作物を栽培すること。

❾商品作物
商品として売るために栽培される作物。

❿定期市
月に数回，決まった日に開かれる市。

ココが要点の答えになります。

3 鎌倉時代の文化と仏教

教 p.78〜p.81

▶ 鎌倉時代の文化…公家を中心とする伝統文化をもとに，武士や民衆にもわかりやすい文化が発達。

- 文学
  - ◇軍記物語…（⓫　　　　　　）が広めた『平家物語』。
  - ◇和歌集…『（⓬　　　　　　）』。
  - ◇随筆集…『方丈記』（鴨長明），『徒然草』（兼好法師）。
- 建築・美術
  - ◇東大寺南大門…中国（宋）の様式をとり入れる。
  - ◇（⓭　　　　　　）…運慶・快慶らによる彫刻。

▶ 鎌倉仏教…戦乱やききんを背景に，新しい仏教が広まる。

宗派	開祖	特色
（⓮　　　　）	法然	阿弥陀仏を信じて，念仏をとなえる。
浄土真宗（一向宗）	親鸞	罪を自覚した悪人こそ救われる。
（⓯　　　　）	一遍	念仏をすすめ，念仏の札を配る。
日蓮宗（法華宗）	日蓮	法華経の題目をとなえる。
（⓰　　　　）	栄西	座禅によって自分でさとりを開く。
	道元	武士の気風にあい，幕府が保護する。

4 元の襲来と鎌倉幕府

教 p.82〜p.85

▶ モンゴル帝国…チンギス＝ハンが建国。

- （⓱　　　　　　）…都を大都に移し，国号を元とする。
  - ◇宋をほろぼし，中国全土を支配。　◇高麗を服従させる。

▶ 元が日本に国交をせまる→執権（⓲　　　　　　）が拒否。

- （⓳　　　　　　）…２度にわたる元軍の襲来。
  - ◇**文永の役**（1274年）…元軍が博多湾に上陸。幕府軍は元軍の**集団戦法**や**火薬**の武器に苦戦→元軍は撤退。
  - ◇**弘安の役**（1281年）…元軍が再び北九州に襲来。幕府軍は石築地で上陸をはばむ→暴風雨で元軍は撤退。

▶ 御家人の不満・困窮…元寇の恩賞不足や分割相続など。

- （⓴　　　　　　）…幕府が御家人を救うために出す。
  →社会の混乱をまねき，幕府は信用を失う。
- 幕府や荘園領主に従わず，年貢をうばうなどの悪党の出現。
- 御家人の不満がつのり，鎌倉幕府がおとろえる。

満点★ミッション

⓫**琵琶法師**
琵琶を弾きながら『平家物語』を語り聞かせる。

⓬**新古今和歌集**
叙情的な歌をまとめた和歌集。

⓭**金剛力士像**
東大寺南大門におかれた写実的な彫刻。

⓮**浄土宗**
法然によって開かれた仏教の宗派。

⓯**時宗**
一遍によって開かれた仏教の宗派。

⓰**禅宗**
座禅によって自分でさとりを開く仏教の宗派。

⓱**フビライ＝ハン**
日本に2度にわたり軍を送った元の皇帝。

⓲**北条時宗**
元が襲来したときの鎌倉幕府の執権。

⓳**元寇**
文永の役と弘安の役。

⓴**徳政令**
御家人の借金を帳消しにする命令。

テストに出る！

予想問題　2 鎌倉幕府の成立

30分　/100点

1 次の文を読んで，あとの問いに答えなさい。　5点×8〔40点〕

（ A ）の戦いで平氏がほろんだのち，源頼朝は（ B ）に任じられた。頼朝が立てた武士の政権を鎌倉幕府といい，a 頼朝は御家人と主従関係を結んだ。頼朝の死後，その妻の政子の実家である（ C ）が，幕府の実権をにぎるようになった。

後鳥羽上皇は，幕府をたおそうと b 承久の乱を起こしたが，幕府軍に敗れた。その後，幕府は，武士の政治のよりどころとなった c 御成敗式目を定めた。

(1) 文中のA～Cにあてはまる語句をそれぞれ書きなさい。

A（　　　　）　B（　　　　）　C（　　　　）

(2) 右の図は，下線部aのしくみを示しています。図中のX・Yにあてはまる語句をそれぞれ書きなさい。

X（　　　　）　Y（　　　　）

頼朝（将軍）
●土地の支配権を認める
●土地をあたえる
●守護や地頭に任命する
X
Y
●京都や鎌倉を警備する
●戦時には，将軍のために一族を率いて戦う
御家人

(3) 文中のCがついた，将軍を補佐する地位を何といいますか。

（　　　　）

よく出る (4) 下線部bののち，京都におかれた役職を何といいますか。

（　　　　）

(5) 下線部cを定めたのはだれですか。（　　　　）

2 次の文を読んで，あとの問いに答えなさい。　3点×5〔15点〕

鎌倉時代，荘園では，a 農民が荘園領主とは別に（ A ）による支配も受けることがあり，農民が（ A ）のきびしい支配を荘園領主に訴えることもあった。

農業生産は，b 農業技術の進歩により高まり，桑，漆，茶などの商品として売ることを目的とした（ B ）の栽培も始まった。農業生産の高まりとともに商業も盛んとなり，寺社の門前や交通の要地で（ C ）が開かれるようになった。

(1) 文中のA～Cにあてはまる語句をそれぞれ書きなさい。

A（　　　　）　B（　　　　）　C（　　　　）

(2) 下線部aが負担した，耕作する土地の面積によって決まる税を何といいますか。

（　　　　）

(3) 下線部bの内容としてあやまっているものを，次から選びなさい。（　　）

ア　草木の灰を肥料として使用　　イ　木製農具の普及　　ウ　二毛作の広まり

ちょっとひといき　テスト当日は，朝ご飯をしっかり食べよう！

3 右の資料を見て，次の問いに答えなさい。

3点×7〔21点〕

(1) **資料1**は，琵琶法師によって語られ，武士や民衆にも広まった軍記物語の冒頭部分です。この作品を何といいますか
(　　　　　　　)

(2) 鎌倉時代に鴨長明が著した随筆集を何といいますか。(　　　　　　　)

(3) **資料2**は，東大寺南大門におかれている，鎌倉時代の文化を代表する彫刻です。これを何といいますか。
(　　　　　　　)

資料1

祇園精舎の鐘の声、諸行無常の響きあり。紗羅双樹の花の色、盛者必衰のことわりをあらわす。おごれる人も久しからず、只、春の夜の夢のごとし。…

資料2

(4) (3)の彫刻をつくった人物を，次から選びなさい。(　　)

ア 運慶　**イ** 法然　**ウ** 親鸞　**エ** 一遍

(5) 座禅を行って，自分でさとりを開こうとする仏教の宗派を，まとめて何といいますか。
(　　　　　　　)

(6) 次の①・②の仏教の教えを説いた人物を，□からそれぞれ選びなさい。

① 阿弥陀仏を信じ，自分の罪を自覚した悪人こそが救われる。(　　　　　　　)

② 法華経だけが仏の真実の教えである。(　　　　　　　)

一遍　日蓮　法然　親鸞　道元

4 右の資料を見て，次の問いに答えなさい。

4点×6〔24点〕

(1) 資料は，1274年に起こった幕府軍と元軍との戦いのようすをえがいたものです。この戦いを何といいますか。(　　　　　　　)

(2) (1)で幕府軍は，元軍のどのような戦い方に苦戦しましたか。火薬を使った戦い方のほかに1つ書きなさい。(　　　　　　　)

(3) 元軍は，1281年にも日本に攻めてきました。この2度にわたった元軍の襲来を何といいますか。漢字2字で書きなさい。(　　　　　　　)

(4) (3)のときの元の支配者(皇帝)はだれですか。(　　　　　　　)

(5) (3)のとき，御家人を指揮した幕府の中心人物はだれですか。(　　　　　　　)

記述 (6) (3)が鎌倉幕府にあたえた影響について，「恩賞」「御家人」の語句を使って簡単に書きなさい。
(　　　　　　　　　　　　　　　　　　　　　　　　　　　　)

ちょっとひといき　集中力は何時間も続かないよ！ 1～2時間に1回，適度に休憩しよう！

3 室町幕府と下剋上

❶建武の新政
後醍醐天皇が年号を建武と改め始めた政治。

❷室町幕府
足利氏の幕府。3代将軍の足利義満は京都の室町の邸宅で政治を行った。

❸守護大名
国司の仕事を行うようになり，国内の武士を従えた守護。

❹足利義満
幕府の権限を強め全盛期を築いた3代将軍。

❺管領
将軍の補佐役。足利氏と関係の深い守護大名がつく。

❻明
漢民族の国。

❼倭寇
海賊化した，九州北部の島々や瀬戸内の武士や商人。

❽勘合貿易
勘合を用いて行われた，明との正式な貿易。

❾ハングル
朝鮮でつくられた独自の文字。

❿琉球王国
現在の沖縄県で，15世紀初めに建国。

ココが要点の答えになります。

テストに出る！ ココが要点　解答 p.5

1 南北朝の動乱と室町幕府　教 p.88〜p.89

▶ 鎌倉幕府の滅亡…後醍醐天皇が倒幕の兵をあげ，楠木正成・足利尊氏・新田義貞らが加わる。

▶ (❶　　　　　)…後醍醐天皇が始めた天皇中心の政治。

● 公家重視の政治に武士の不満が高まり，2年半でくずれる。

▶ **南北朝の動乱**…北朝と南朝が60年近く対立→南北朝時代。

● 北朝…足利尊氏が京都に新しい天皇を立てる。

● 南朝…後醍醐天皇が吉野(奈良県)にのがれる。

▶ (❷　　　　　)…1338年に尊氏が開いた幕府。幕府の続いた約240年間を室町時代という。

● (❸　　　　　)…幕府から任命された守護が，一国支配へ。

● (❹　　　　　)…3代将軍。1392年，北朝へ南朝を合一させる。

● (❺　　　　　)…将軍の補佐役。

地方
守護・地頭
鎌倉府(関東，甲斐・伊豆の支配)
将軍
京都
管領
問注所(記録の保管，裁判)
政所(幕府の財政)
侍所(軍事，京都の警察)

2 東アジアとの交流と琉球王国の成立　教 p.90〜p.93

▶ (❻　　　　　)…中国で元に代わっておこる。

● 朝貢してきた国々との貿易を認める。

● 大陸沿岸部などで海賊行為をしていた(❼　　　　　)をとりしまるため，民間の貿易を禁止。

▶ (❽　　　　　)…足利義満が日本国王として明に朝貢。

◇民間の貿易船と区別するため，勘合を用いる。

▶ 明→日本…銅銭・生糸・絹・陶磁器など。

明←日本…銅・刀剣など。

▶ 朝鮮…李成桂(イソンゲ)が高麗(コリョ)をたおしておこす。

● (❾　　　　　)という独自の文字。**朱子学**の広まり。

▶ (❿　　　　　)…15世紀初め，尚巴志が統一し建国。

● 首里を都とし，**中継貿易**の拠点として栄える。

▶ 蝦夷地…現在の北海道。アイヌ民族が狩りや漁，交易でくらす。

● 15世紀に南部に和人が移り住み，館とよばれる根拠地で交易。

● 和人の圧迫に苦しみ，**コシャマイン**率いる軍が館をおそう。

3 産業の発展と都市と村

教 p.94～p.95

- 商業と手工業が発展し，各地の特産物も増加。
  - (⑪ 　　　)…同業者の団体。生産や販売を独占。
- 定期市の増加…銅銭(宋銭・明銭)が使用される。
  - 貨幣経済→(⑫ 　　　)や酒屋が**高利貸し**を営む。
- 交通の発達
  - (⑬ 　　　)…海上の運送業者→港町の発達。
  - 馬借・車借…陸上の運送業者。
  - 寺社の参詣が盛んに→**門前町**ができる。　●**関所**の設置。
- 村では(⑭ 　　　)が**寄合**を開き，自治を行う。
  - 土一揆…農民が団結して土倉や酒屋をおそい，徳政を要求。

4 応仁の乱と戦国大名

教 p.96～p.97

- 1467年，京都で(⑮ 　　　)が起こる→11年間続く。
  - 足利義政のあとつぎなどをめぐる守護大名の対立から。
- 下剋上の風潮…守護大名が家臣にたおされる。
- 戦国時代…室町時代後半の約100年におよぶ戦乱の時代。
- 各地で自治をめざす動き
  - 山城国一揆…山城(京都府)南部の武士や農民が守護大名を追い出す→８年間にわたる自治を行う。
  - (⑯ 　　　)…一向宗(浄土真宗)の信者が荘園領主や守護大名に対抗→加賀(石川県)では約100年の自治。
  - 町衆…京都の有力な商工業者。自治組織をつくる。
- 守護大名やその家臣が戦国大名となり，実力で領国を治める。
  - **城下町**をつくる。　●(⑰ 　　　)を定める。

5 室町時代の文化とその広がり

教 p.98～p.101

- 室町時代の文化…公家と武家の文化の融合。**禅宗**の影響。
  - 北山文化…足利義満のころ。京都の北山に金閣。
  - 東山文化…足利義政のころ。京都の東山に銀閣。
    - ◇床の間をもつ(⑱ 　　　)。　◇**茶の湯**や**生け花**。
    - ◇河原者がつくる庭園。　◇**雪舟**の(⑲ 　　　)。
  - 応仁の乱で京都が荒廃→都の文化が地方に。　●**連歌**。
- 民衆文化の高まり…祇園祭の復活。盆踊りなど。
  - 観阿弥・世阿弥が(⑳ 　　　)を大成。
  - 能のあいまに狂言。　●『一寸法師』などのお伽草子。

満点ミッション

⑪座
室町時代の商人や手工業者による同業者団体。

⑫土倉
高利貸しを行った質屋。

⑬問〔問丸〕
港の運送業者。

⑭惣
村の有力者を中心とした自治組織。

⑮応仁の乱
有力守護大名の細川氏と山名氏の対立をきっかけに起こった11年におよぶ戦乱。

⑯一向一揆
近畿・北陸・東海で，一向宗の信者が起こした一揆。

⑰分国法
領国支配のために出されたきまり。

⑱書院造
床の間をもち，畳，障子，ふすまを使った建築様式。

⑲水墨画
墨一色の濃淡で表現する絵画。

⑳能〔能楽〕
田楽・猿楽をもとに大成された芸能。

テストに出る！

予想問題　3 室町幕府と下剋上

30分　/100点

1 右の年表を見て，次の問いに答えなさい。

(2)10点，3点×6〔28点〕

年代	できごと
1333	鎌倉幕府がほろびる
1334	（ A ）のa建武の新政
1336	朝廷がb北朝と南朝に分裂，c動乱の時代になる
1338	（ B ）が征夷大将軍となり，d京都に幕府を開く
1392	南北朝が合一される

(1) 年表中のA・Bにあてはまる人物を，それぞれ書きなさい。　A（　　）　B（　　）

記述 (2) 下線部aは，2年ほどで失敗に終わりました。その理由を「公家」「武士」の語句を用いて簡単に書きなさい。
（　　）

(3) 下線部bについて，それぞれの朝廷がおかれた場所はどこですか。　北朝（　　）　南朝（　　）

(4) 下線部cの時代を何といいますか。（　　）

(5) 下線部dの幕府で，将軍の補佐をつとめた役職を何といいますか。
（　　）

2 右の地図を見て，次の問いに答えなさい。

3点×9〔27点〕

15世紀のアジア

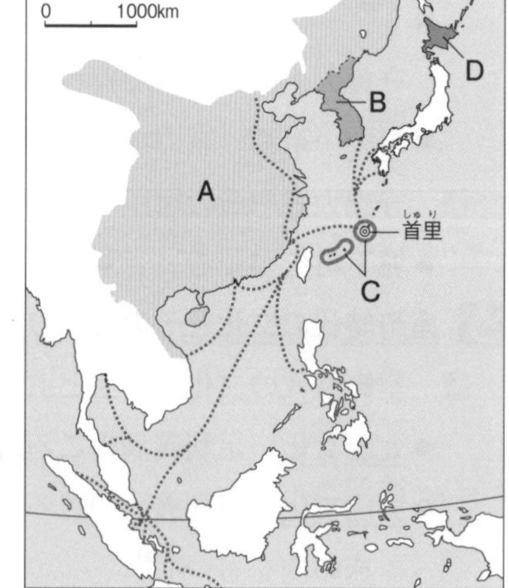

(1) 右の地図中のA～Dにあてはまる国名や地名を，それぞれ書きなさい。
A（　　）　B（　　）
C（　　）　D（　　）

(2) 地図中のAの国は，当時大陸沿岸で海賊行為をはたらいていた人々をとりしまるため，民間の貿易を禁止しました。このような人々を何といいますか。
（　　）

(3) 地図中のAの国は，民間の貿易船と区別するために，割札を用いた貿易を日本と行いました。この貿易を何といいますか。（　　）

(4) 地図中のBの国で広まった，儒教の一派である学問を何といいますか。
（　　）

(5) 地図中の………は，Cの国がアジア各国とのあいだで行った貿易のルートを示しています。このような貿易を何といいますか。（　　）

(6) 地図中のDの地域に古くから住んでいた民族を何といいますか。（　　）

ちょっとひといき　原因と結果を意識して，ものごとをとらえよう！

3 次の文を読んで，あとの問いに答えなさい。　　3点×9〔27点〕

室町時代には，商業や手工業が発達し，a座がつくられた。産業の発達とともに，貨幣経済が広まり，港や陸上で活躍するb運送業者も現れた。

村では（ A ）とよばれる自治組織がつくられ，やがて，c農民が借金の帳消しを求める動きが起こるようになった。また，（ B ）とよばれる京都の有力な商工業者が自治組織をつくるなど，都市でも自治が広まった。

1467年に始まった応仁の乱によって，室町幕府の力はおとろえ，d実力で下の者が上の者をたおすという風潮のなか，守護大名にかわって（ C ）が登場した。

(1) 文中のA～Cにあてはまる語句を書きなさい。

A（　　　　）　B（　　　　）　C（　　　　）

(2) 下線部aはどのような組織か，次から選びなさい。（　　）

ア　定期的に特産物を販売する商人　　イ　生産や販売を独占した同業者団体

ウ　守護大名や寺社などの支配をのぞこうとする自治組織

(3) 下線部bについて，海上・陸上それぞれの業者にあてはまるものを［　］から選びなさい。

海上（　　　　）

陸上（　　　　）（　　　　）

土倉　馬借　問　酒屋　車借

(4) 下線部c・dを何といいますか，それぞれ書きなさい。

c（　　　　）　d（　　　　）

4 次の問いに答えなさい。　　3点×6〔18点〕

(1) 室町時代の文化について述べている文として，あやまっているものを次から選びなさい。（　　）

ア　公家や武家だけでなく，民衆が文化の担い手になった。

イ　現代に受け継がれている文化が発達した。

ウ　唐の文化を吸収した上に成立した日本独自の文化だった。

エ　禅宗の影響を受けた文化だった。

(2) 右の写真について，次の問いに答えなさい。

① この建築物を何といいますか。（　　　　）

② この建築物を建てた人物はだれですか。（　　　　）

③ この建築物に代表される，当時の文化を何といいますか。（　　　　）

よく出る (3) 東求堂の内部に見られるような，床の間があり，畳が敷かれている建築様式を何といいますか。（　　　　）

(4) 『一寸法師』など，民衆の夢を語った絵本を何といいますか。（　　　　）

第4編 近世の日本と世界

1 中世から近世へ

テストに出る! **ココが要点** 解答 p.6

1 イスラム教の世界とキリスト教の世界 教 p.112〜p.113

▶ **イスラム教**…アジア・アフリカ・ヨーロッパの各地に広まる。
- アジアの香辛料などがムスリム商人によってヨーロッパへ。
- イスラム文化の発展…医学・哲学・数学，羅針盤・火薬など。

▶ イスラム教徒が聖地エルサレムを支配。
→11世紀，**ローマ教皇**が（❶　　　　）を派遣→失敗。

▶ 14世紀のヨーロッパ…イスラム文化や古代ギリシャ・ローマ文化への関心→（❷　　　　）（**文芸復興**）。

▶ （❸　　　　）…ドイツのルターらがローマ教皇に抵抗。
- 改革の支持者…プロテスタント（抗議する人々）。
- ローマ教皇に従う人々…**カトリック**→イエズス会による海外布教。

2 つながれてゆく世界 教 p.114〜p.115

▶ **ポルトガル**…香辛料や絹織物などを求めてアジアに進出。
- （❹　　　　）…アフリカ南端を回るインド航路を開く。

▶ スペイン…東へ向かったポルトガルに対抗し，西をめざす。
- （❺　　　　）…西インド諸島に到達。
- （❻　　　　）の艦隊…西まわりで世界一周。
- アメリカ大陸に進出→**インカ帝国**などをほろぼす。銀鉱山の開発。

▶ 17世紀に，オランダやイギリスもアジアへ進出。
- オランダはインドネシアなどに植民地をつくる。

3 ヨーロッパ人の来航と信長 教 p.116〜p.117

▶ （❼　　　　）の伝来…**種子島**（鹿児島県）に漂着したポルトガル人が伝える→**堺**（大阪府）などで生産。

▶ （❽　　　　）の伝来…フランシスコ＝ザビエルが布教。

▶ （❾　　　　）が全国支配を進める。
- 桶狭間の戦いで今川義元を破る。
- 比叡山延暦寺を焼き討ち。
- 室町幕府をほろぼす。
- （❿　　　　）で鉄砲活用→
- 自治を制限…一向宗や京都・堺。
- 安土城下に**楽市令**・関所の廃止。
- キリスト教を保護。

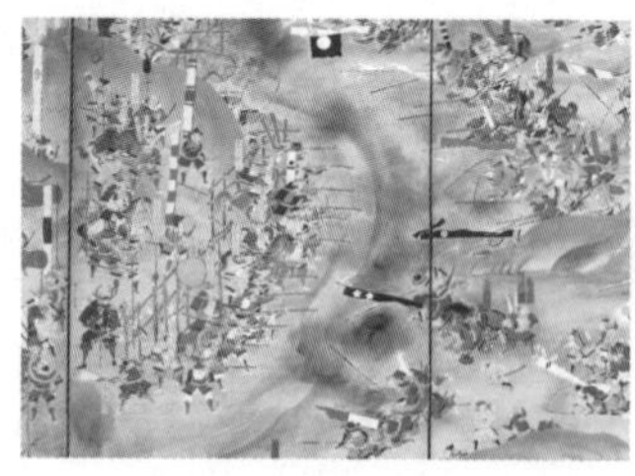

❶**十字軍**
ローマ教皇のよびかけで派遣された軍隊。

❷**ルネサンス**
芸術，文学が盛んになり，天文学や地理学が発達。

❸**宗教改革**
16世紀，免罪符を売り出すなどの方針に抵抗して起こった運動。

❹**バスコ＝ダ＝ガマ**
15世紀末にインド航路を開く。

❺**コロンブス**
スペインが支援。1492年西インド諸島に到達。

❻**マゼラン**
1522年部下が世界一周を果たす。

❼**鉄砲**
1543年に日本に伝わり，これまでの戦術を変える。

❽**キリスト教**
1549年に日本に伝わり民衆に広まる。

❾**織田信長**
尾張（愛知県）の戦国大名。室町幕府をほろぼし，天下統一を進める。

❿**長篠の戦い**
信長が武田氏の騎馬隊を破る。

ココが要点の答えになります。

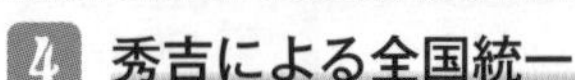

4 秀吉による全国統一

教 p.118～p.119

▶ 豊臣秀吉の全国統一

- **本能寺の変**で織田信長が自害→秀吉が(⓫　　　　　　　)を破り，信長の統一事業を引き継ぐ。
- 関白の地位につき，1590年に全国統一を果たす。

▶ (⓬　　　　　　　)…信長・秀吉が活躍した時代。

▶ (⓭　　　　　　　)…全国の田畑の面積を測量。

- ますやものさしなどを統一。　●収穫高を**石高**で示す。
- 百姓は領主(武士)に年貢を納め，領主は石高に応じて軍役を負担→公家や寺社は荘園領主としての権利を失う。

▶ (⓮　　　　　　　)…百姓から武器を取り上げ，一揆を防ぐ。

▶ (⓯　　　　　　　)を進め，身分ごとに住む場所も固定→武士が百姓・町人を支配する近世社会のしくみが整う。

▶ キリスト教の布教が禁止され，宣教師が追放される。

5 秀吉の海外政策

教 p.120～p.121

▶ 東アジアにおける貿易…南蛮人とよばれたポルトガル人やスペイン人と(⓰　　　　　　　)を行う。

- 鉄砲・火薬・時計・ガラス，中国製の生糸・絹織物がもたらされる。日本からは銀を輸出。
- 南蛮文化…天文学・医学，活版印刷術が伝わり，南蛮風の衣服などの風俗がはやる。

▶ (⓱　　　　　　　)への侵略…1592年，豊臣秀吉は，明の征服をめざして大軍を派遣。2度にわたり兵を送るが，秀吉の病死により，全軍を引きあげる→豊臣政権の没落が早まる。

6 安土桃山時代の文化

教 p.122～p.123

(1) 桃山文化…大名や町衆の経済力を反映した豪華で雄大な文化。

建築物	雄大な**天守閣**をもつ**大阪城**や**姫路城**などの城。
絵画・工芸	狩野永徳…「唐獅子図屏風」などのはなやかな障壁画。 陶磁器…日本に連行された朝鮮人陶工が技術を伝える。
芸能ほか	**茶の湯**…(⓲　　　　　　　)がわび茶を完成。 **歌舞伎**…(⓳　　　　　　　)が京都で始める。 **浄瑠璃**…琉球の三線をもとに三味線がつくられ，発達。
生活	はなやかな色彩の衣服。瓦屋根の家。

⓫**明智光秀**
織田信長の家臣だった。本能寺で信長をたおす。

⓬**安土桃山時代**
信長が安土に，秀吉が京都の伏見(のちの桃山)に城を築いたことからよばれる。

⓭**太閤検地**
百姓から年貢を確実にとるために行った政策。

⓮**刀狩**
刀狩令によって定められた政策。

⓯**兵農分離**
武士による支配を固めた政策。

⓰**南蛮貿易**
九州各地に来航した南蛮人との貿易。

⓱**朝鮮**
秀吉は日本への服従と明への通行許可を要求した。

⓲**千利休**
堺(大阪府)の豪商。信長・秀吉につかえ，のち秀吉の怒りをかい自害。

⓳**出雲阿国**
出雲の巫女と称し歌舞伎を始めた。

テストに出る！

予想問題　1 中世から近世へ

30分　/100点

1 次の文を読んで，あとの問いに答えなさい。　3点×9〔27点〕

11世紀，ローマ教皇は（ A ）を派遣してイスラム教徒と戦った。14世紀ごろのヨーロッパでは，aルネサンスとよばれる動きが盛んになり，美術などのほか，地理学や天文学が発達した。15世紀末には，ヨーロッパ人はb新しい航路を開拓していった。16世紀になると，ドイツの（ B ）らが宗教改革を始め，それに対抗してcカトリック教会内部でも改革に力を入れた。

(1) 年表中のA・Bにあてはまる語句や人物名を書きなさい。
A（　　　　）B（　　　　）

(2) 下線部aでは，何への関心が高まりましたか。次から選びなさい。（　　）
ア 古代中国の歴史　イ アジアの産物　ウ 古代ギリシャやローマの文化

(3) 下線部bについて，右の地図のA～Cの航路を開いた人物名を書きなさい。
A（　　　　）B（　　　　）
C（　　　　）

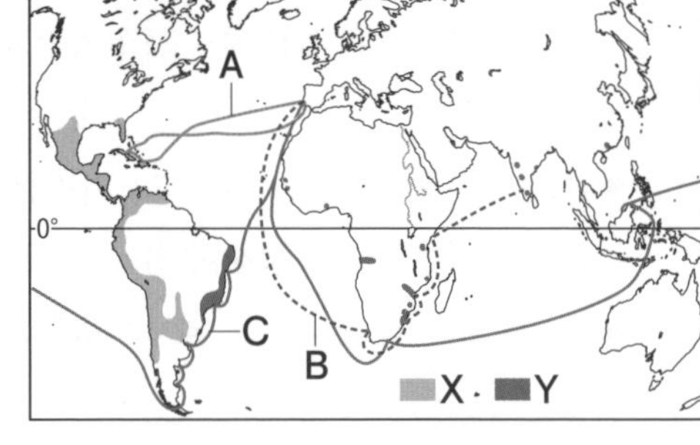

(4) 地図中のX・Yの地域を支配した国の名を次からそれぞれ選びなさい。
X（　　）Y（　　）
ア スペイン　イ オランダ　ウ ポルトガル　エ イギリス

よく出る (5) 下線部cのなかでつくられた組織を何といいますか。（　　　　）

2 右の年表を見て，次の問いに答えなさい。　4点×5〔20点〕

年代	できごと
1543	（ A ）が種子島に伝わる
1549	aキリスト教が日本に伝わる
1573	b織田信長が京都から将軍を追放し，（ B ）をほろぼす
1575	長篠の戦いで（ C ）を破る

(1) 年表中のA・Bにあてはまる語句を書きなさい。
A（　　　　）B（　　　　）

(2) 年表中のCにあてはまる一族の名を□から選びなさい。（　　　　）

細川氏　今川氏　武田氏　北条氏

(3) 下線部aを行った人物はだれですか。（　　　　）

(4) 下線部bの人物の政策としてあやまっているものを，次から選びなさい。（　　）
ア 仏教勢力の保護　イ 関所の廃止　ウ 楽市令の発布　エ 安土城の築城

ちょっとひといき　勉強は始めるまでが一番大変！ このページを開いていてえらい！

3 右の資料を見て，次の問いに答えなさい。

(6)は8点，4点×6〔32点〕

よく出る (1) 豊臣秀吉が行った，**資料1**に見られるような政策を何といいますか。（　　）

(2) (1)の政策のために，何を統一しましたか。2つ書きなさい。（　　）（　　）

(3) (1)の政策について述べている文として，あやまっているものを，次から選びなさい。（　　）

ア 百姓は，定められた年貢を領主である武士に納めることになった。

イ 武士は石高に応じて軍役を負担した。

ウ 公家や寺社は，荘園領主として勢力を強めた。

エ 百姓には，田畑を耕作する権利が認められた。

(4) 右の**資料2**は，豊臣秀吉が出した法令です。これを何といいますか。（　　）

(5) **資料2**中の(　)にあてはまる語句を書きなさい。（　　）

記述 (6) **資料1・2**の政策によって，武士と百姓の関係はどうなりましたか。「身分」という語句を使って簡単に書きなさい。

（　　）

資料1

資料2

一　百姓が刀・わきざし・弓・やり・鉄砲，その他の武具を所持することを固く禁止する。その理由は，不必要な武具を持つと，年貢を納めずに(　　)をくわだてることになるので，大名と家臣は，百姓の所持する武具をすべて取り上げ，秀吉に差し出すこと。

(一部要約)

4 次の問いに答えなさい。

3点×7〔21点〕

(1) 安土桃山時代には，南蛮人とのあいだで貿易が盛んになり，南蛮文化が広まりました。当時の南蛮とはヨーロッパのどこの国をさしていますか。国名を2つ書きなさい。

（　　）（　　）

(2) 安土桃山時代の文化の特徴について述べている文を，次から選びなさい。（　　）

ア 仏教の影響を受けた。　　イ 簡素で落ち着きがある。

ウ 豪華で雄大である。

(3) 「唐獅子図屛風」などの障壁画をえがいた人物はだれですか。（　　）

(4) 茶の湯において，千利休が完成させたのは何ですか。（　　）

(5) 琉球の三線をもとに新しくつくられた楽器を何といいますか。（　　）

(6) この時代，有田(佐賀県)や薩摩(鹿児島)などで優れた陶磁器がつくられるようになりました。どのような人々がつくったか，次から選びなさい。（　　）

ア 南蛮文化を伝えたヨーロッパの人　　イ 内戦からのがれてきた朝鮮人

ウ 新しい仏教を学んだ留学僧　　エ 朝鮮侵略の際につれてこられた朝鮮人

ちょっとひといき　文化は教科書や資料集をながめて，写真と一緒に覚えよう！

2 江戸幕府の成立と東アジア

❶**徳川家康**
江戸幕府初代将軍。

❷**関ヶ原の戦い**
天下分け目の決戦とよばれる。1600年，現在の岐阜県で起こった戦い。

❸**藩**
水戸藩，薩摩藩など大名の支配地と支配のしくみ。

❹**参勤交代**
3代将軍徳川家光が定めたきまり。妻子は江戸におかれる。往復にかかる費用などが藩の財政に大きな負担となった。

❺**朱印船貿易**
日本は中国産の生糸や絹織物を輸入し，銀を輸出。

❻**日本町**
東南アジア各地の港のそばにつくられ日本人が自治。

❼**徳川家光**
参勤交代のきまりを整える。

❽**鎖国**
外国との交際を制限した政策。

❾**出島**
長崎の人工島。

テストに出る！ **ココが要点** 解答 p.7

1 全国支配のしくみ
教 p.126〜p.127

▶ 秀吉の死後，(❶　　　　　　)が力をのばす。
- 1600年，(❷　　　　　　)で**石田三成**らを破る。
- 1603年，征夷大将軍に任じられ，**江戸幕府**を開く。
- 大阪の陣で豊臣氏をほろぼす。

→およそ260年にわたる徳川氏の支配の基礎を確立＝**江戸時代**

▶ 幕府は日本全体の約4分の1を直轄地とし，貨幣をつくる権限や外交・貿易を独占。

▶ 幕府の大名支配
- 領地が1万石以上→**大名**　1万石未満→旗本・御家人
  - ◇**親藩**…徳川氏の一族。尾張・紀伊・水戸は御三家。
  - ◇**譜代**…関ヶ原の戦い以前から徳川氏につかえた家臣。
  - ◇**外様**…関ヶ原の戦い以後に徳川氏に従った大名。
- 大名の領地と支配のしくみを(❸　　　　　　)という。
  - ◇**幕藩体制**…幕府と藩が全国の土地と人々を支配するしくみ。
- **武家諸法度**…築城や結婚などについて大名をきびしく統制。
  - ◇(❹　　　　　　)…大名は1年ごとに江戸と領地に住む。

▶ **武士**の特権…名字を名のることや刀を差すこと。

2 朱印船貿易から鎖国へ
教 p.128〜p.129

▶ (❺　　　　　　)…家康が**朱印状**で貿易を統制。
- 東南アジア各地に(❻　　　　　　)がつくられる。
- ポルトガル・スペイン・オランダ・イギリスとの貿易も許可。

▶ キリスト教と幕府…初めは許容→急速な広まりにより禁止。
- 3代将軍(❼　　　　　　)がとりしまりを強化し，日本人の海外渡航や帰国を禁止。
- **島原・天草一揆**…1637年に，キリスト教徒の百姓らが起こす。
  - ◇鎮圧後，幕府はキリスト教の禁止を強化→**宗門改帳**，**踏絵**。

▶ (❽　　　　　　)…日本人の海外渡航を禁じ，貿易を制限した幕府の対外政策。
- 貿易相手国はキリスト教を布教しない**オランダ**と**中国**に限る。
- 長崎の(❾　　　　　　)で貿易。　● **風説書**で情報を得る。

ココが要点の答えになります。

教科書 p.126～p.135

3 隣接地域との関係とアイヌ文化の成熟

教 p.130～p.133

▶ 朝鮮…豊臣秀吉の侵略後，国交が断絶→**対馬藩**(長崎県)のなかだちで，徳川家康のときに国交を回復。

● 朝鮮通信使…将軍が代わるごとに，江戸をおとずれた使節。

● 対馬藩は幕府の許可のもと，朝鮮と貿易を行う。

▶ (⑩　　　　　)…17世紀初めに**薩摩藩**(鹿児島県)が征服。

● 明や清への朝貢貿易は続ける。

● 将軍や琉球国王の代がわりのたびに，江戸へ使節を送る。

▶ 蝦夷地…**松前藩**が支配し，アイヌの人々に不利な交易を強いる。

● 首長の(⑪　　　　　)が，アイヌの人々によびかけて反抗するが，松前藩に鎮圧される。

● アイヌの人々は樺太や千島列島で交易→独自の文化が育つ。

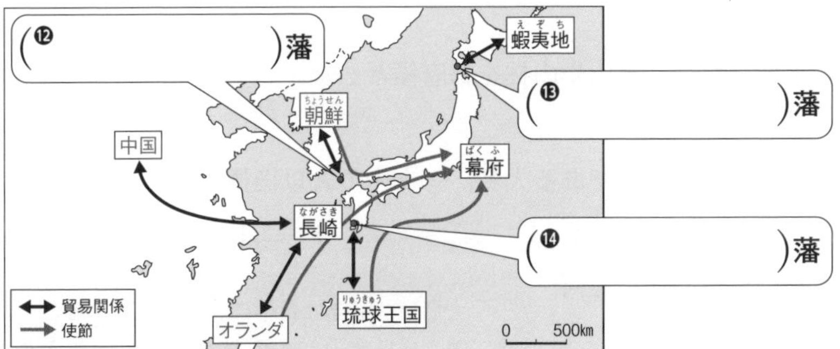

4 江戸時代の百姓と町人

教 p.134～p.135

▶ (⑮　　　　　)…全人口の80%以上を占める。

● 田畑をもち，(⑯　　　　　)納入の義務を負った本百姓と田畑をもたない百姓に区分された。

● 村役人…庄屋(名主)・組頭・百姓代が村の運営を担う。

● (⑰　　　　　)…たがいに監視させ，年貢納入や犯罪防止に連帯責任をとらせるしくみ。

▶ 町人…**商人**と(⑱　　　　　)からなる。

● 地主・家持と借家人の区別。町役人を地主・家持から出す。

● 職人は，親方と弟子の序列。

● 商家は主人と奉公人，奉公人にも番頭・手代・でっちの序列。

▶ 武士・百姓・町人の身分制が全国にゆきわたる。

● 武士を最も高い身分とし，百姓を町人よりも重くみる。

●「えた」や「ひにん」…差別を受ける身分。

● 家制度…身分や職業は生まれた家によって決まる。

満点★ミッション

⑩ 琉球王国
幕府は独立した外国とみなした。

⑪ シャクシャイン
アイヌの首長。

⑫ 対馬藩
江戸時代の朝鮮への窓口となった藩。

⑬ 松前藩
松前氏が治めた藩。蝦夷地やアイヌを支配する。

⑭ 薩摩藩
島津氏が治めた藩。琉球の外交や政治を監督し，年貢米などを取り立てた。

⑮ 百姓
農業を行って生活していた人々。

⑯ 年貢
領主に納めた税。負担率は各藩によって異なった。

⑰ 五人組
幕府が百姓を統制するためにつくったしくみ。

⑱ 職人
大工など，ものをつくった人々。

テストに出る！

予想問題　2 江戸幕府の成立と東アジア

30分　/100点

1 次の文を読んで，あとの問いに答えなさい。　3点×8〔24点〕

1600年，（ A ）で徳川方が豊臣方を破り，1603年に徳川家康は a 江戸幕府を開いた。豊臣氏は1615年に起こった（ B ）でほろびた。幕府は，b 大名をたくみに全国に配置し，c 大名をきびしく統制して，d 藩とともに全国の土地と人々を支配した。

(1) 文中のA・Bにあてはまる語句をそれぞれ書きなさい。　A（　　）B（　　）

(2) 下線部aの説明としてあやまっているものを，次から選びなさい。（　）

ア 全国のおよそ2分の1の土地を幕府領とした。

イ 貨幣をつくる権限を独占した。

ウ 京都や長崎などの重要な都市，鉱山や山林を幕府領とした。

エ 外交や貿易を独占した。

(3) 下線部bについて，①徳川氏の一族である大名，②文中のA以後徳川氏に従った大名を，それぞれ何といいますか。　①（　　）②（　　）

(4) 下線部cにかかわる右の資料の法令を何といいますか。（　　）

(5) 資料中の下線部のきまりを定めたのはだれですか。（　　）

一 大名は，毎年4月中に江戸へ参勤すること。
一 新しい城をつくってはいけない。石垣などがこわれたときは奉行所の指示を受けること。
一 大名は，かってに結婚してはいけない。

(6) 下線部dの政治体制を何といいますか。（　　）

2 次の文を読んで，あとの問いに答えなさい。　(4)5点，他3点×4〔17点〕

a 徳川家康は貿易を幕府の統制下におき，積極的に行った。しかし国内でキリスト教徒が増えると，b キリスト教のとりしまりが強化され，1641年に c 鎖国の体制が完成した。

(1) 下線部aの貿易を何といいますか。（　　）

(2) 下線部bに関連して，長崎・熊本県で起こった一揆を何といいますか。（　　）

(3) 下線部cの政策のもと，長崎での貿易を許された国はどこですか。2つ書きなさい。（　　）（　　）

記述 (4) (3)の国の人々が貿易を許された理由を，簡単に書きなさい。
（　　）

ちょっとひといき　出来た問題・覚えた単語はしるしをつけて，それ以外を繰り返そう！

解答 p.7

3 次の文を読んで，あとの問いに答えなさい。　4点×8〔32点〕

A　松前藩が支配。古くから住み，漁業や狩猟で生活していた（ a ）の人々に不利な交易を強いた。1669年に，X（ a ）の首長が人々を率いて２か月間にわたる戦いを起こしたが，幕府の力を借りた松前藩に鎮圧された。

B　17世紀に（ b ）藩が征服し，政治や外交の監督，年貢米の取り立てなどを行った。国際的には独立国として，中国と貿易を行った。

C　豊臣秀吉の侵略後，国交がとだえていたが，（ c ）藩のなかだちで国交が回復し，将軍の代がわりごとに，Y使節が江戸をおとずれるようになった。

(1) A～Cの文は，それぞれどこの国や地域を説明していますか。

A（　　　）　B（　　　）　C（　　　）

(2) 文中のa～cにあてはまる語句を書きなさい。

a（　　　）　b（　　　）　c（　　　）

(3) 下線部Xの戦いを起こしたのはだれですか。（　　　）

(4) 下線部Yの使節を何といいますか。（　　　）

4 次の問いに答えなさい。　3点×9〔27点〕

(1) 右のグラフは，江戸時代末の身分別の人口の割合を示しています。グラフ中のA～Cにあてはまる身分を書きなさい。

A（　　　）　B（　　　）
C（　　　）

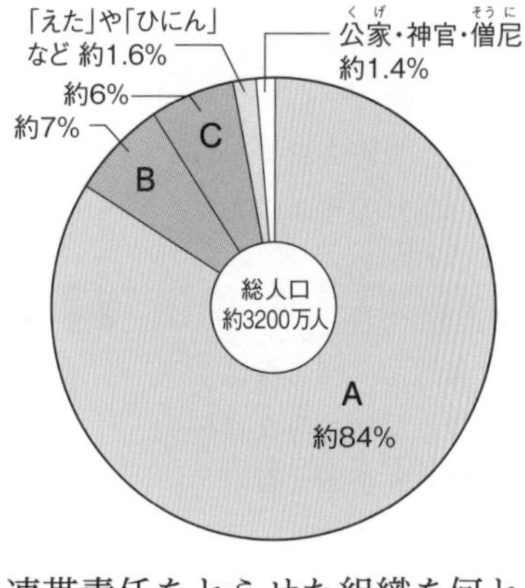

(2) グラフ中のA～Cで，最も高い身分とされていた人々にだけ認められていた特権を１つ書きなさい。

（　　　）

よく出る (3) 百姓がたがいに監視しあい，年貢の納入や犯罪の防止に連帯責任をとらせた組織を何といいますか。（　　　）

(4) 次の文のa～dにあてはまる語句を書きなさい。

a（　　　）　b（　　　）
c（　　　）　d（　　　）

村では（ a ）のなかから（ b ）（名主）・組頭・百姓代などの村役人が選ばれ，年貢納入に責任を負った。町に住む町人は（ c ）と職人からなり，地主・（ d ）と借家人の区別があった。

ちょっとひといき　なかなか理解できないときは，インターネットでくわしい背景を調べるのも手！

3 産業の発達と元禄文化

❶商品作物
売ることを目的につくられる作物。

❷五街道
江戸を起点とする主要な交通路で，宿駅がおかれた。

❸蔵屋敷
各地の大名が大阪においた倉庫。

❹元禄文化
大阪・京都で発達した活気ある文化。

❺浮世草子
武士や町人のくらしをありのままにえがいた小説。

❻近松門左衛門
義理と人情の板ばさみになやむ男女の気持ちを台本に書いた。

❼俳諧
松尾芭蕉によって芸術に高められた。

❽浮世絵
町人の風俗をえがいた絵。

❾徳川綱吉
学問を奨励し政治の安定をはかった。

❿藩校
水戸の弘道館，萩の明倫館などがある。

テストに出る！ ココが要点 解答 p.8

1 産業の発達と都市 教 p.138〜p.141

▶ 農業の発達
- **新田開発**…年貢を増やすため，幕府や藩が奨励し，盛んに。
- 農具の改良…備中ぐわ，千歯こき，万石(千石)通し，唐みなど。
- (❶)…菜種，あい，紅花など販売目的の作物。

▶ 漁業の発達…漁業用の網が発達。
- いわし漁…九十九里浜で大規模に行う。干鰯という肥料に加工し，近畿地方や東海地方の綿作地帯へ出荷。
- 紀伊・土佐のくじら・かつお漁，蝦夷地のにしん・こんぶ漁，瀬戸内海の塩田の発展。

▶ 鉱業の発達…佐渡(金・銀)，石見・生野(銀)，足尾・別子(銅)などの鉱山開発→貨幣の原料や重要な輸出品となる。

▶ **三都**…江戸・大阪・京都を合わせてよぶ。
- 江戸…「**将軍のおひざもと**」とよばれる政治の中心地。
- (❷)…江戸を中心に，東海道など整備。
- **菱垣廻船・樽廻船**…大阪から江戸へ木綿や酒などを輸送。
- 大阪…「**天下の台所**」とよばれる商業の中心地。大名が年貢米や特産物を(❸)で取り引き。

2 江戸時代前期の文化と学問 教 p.142〜p.145

▶ (❹)…上方(京都・大阪)中心の町人文化。

文学	井原西鶴…(❺)(小説) (❻)…人形浄瑠璃の台本 松尾芭蕉…(❼)
演劇	歌舞伎…坂田藤十郎，市川団十郎など
絵画	俵屋宗達・尾形光琳…装飾画 菱川師宣…(❽)

▶ 学問と教育…武士や庶民が学問を学ぶようになる。
- **朱子学**…忠義や孝行を重んじ儒学のなかでとくに広まる。5代将軍(❾)が，江戸の湯島に聖堂を建てる。
- (❿)…各藩が武士の教育のために建てる。
- **寺子屋**…庶民の子どもに読み・書き・そろばんを教える。

ココが要点の答えになります。

テストに出る！

予想問題　3　産業の発達と元禄文化

30分　/100点

1　次の文を読んで，あとの問いに答えなさい。

6点×11〔66点〕

17世紀から18世紀にかけて（　A　）が盛んに行われ，田畑の面積が100年ほどで約２倍に増えた。また a 農具の発明や改良が行われ，生産力が高まった。農業のほか漁業や鉱業も発達し，九十九里浜では大規模な（　B　）漁が行われ，佐渡の（　C　）や（　D　）の銀山などが開発された。産業の発達とともに b 都市が発展し，c 交通も発達した。

(1)　文中のA～Dにあてはまる語句を□から選びなさい。

A（　　　　）　B（　　　　）
C（　　　　）　D（　　　　）

かつお	新田開発	
足尾	いわし	
金山	銅山	石見

よく出る (2)　下線部aについて，右のA・Bの農具を何といいますか。また，その特徴にあてはまるものをア～ウから選びなさい。

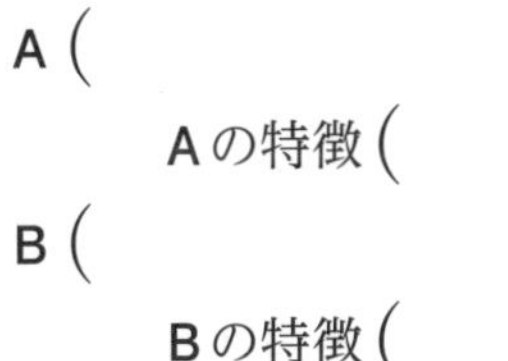

A（　　　　）
Aの特徴（　　）
B（　　　　）
Bの特徴（　　）

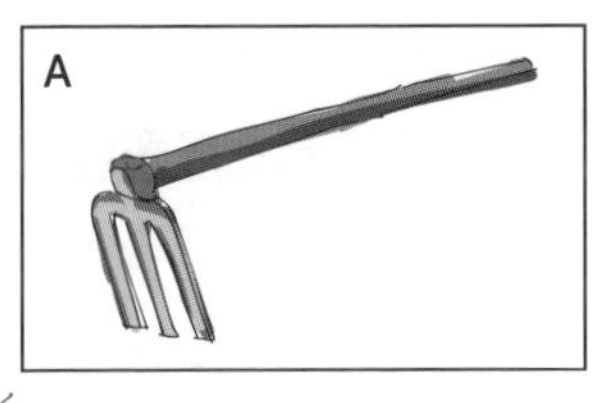

ア　米の選別ができる。　　イ　脱穀が速くできる。

ウ　土を深く耕せる。

(3)　下線部bについて，江戸・大阪・京都の主要都市を合わせて何といいますか。

（　　　　）

(4)　下線部cについて，江戸・大阪間の航路で，物資を運んだ船を２つ書きなさい。

（　　　　）（　　　　）

2　次の問いに答えなさい。

(1)は10点，6点×4〔34点〕

記述 (1)　江戸時代前期に栄えた元禄文化はどのような文化ですか。簡単に書きなさい。

（　　　　）

(2)　元禄文化について，次の問いに答えなさい。

①　浮世草子とよばれる小説を書いたのはだれですか。（　　　　）

②　近松門左衛門が台本を書いた，人形しばいを何といいますか。（　　　　）

③　町人の風俗をえがいた絵は何とよばれましたか。（　　　　）

(3)　儒学のなかでも，武士に広く支持された学問を何といいますか。（　　　　）

ちょっとひといき　昨日のテストの手ごたえは引きずらない！　切りかえて次にそなえよう！

4 幕府政治の改革と農村の変化

テストに出る！ ココが要点

解答 p.8

1 幕府政治の改革　教 p.146～p.147

▶ 5代将軍**徳川綱吉**の政治…儒学を奨励して政治をひきしめるとともに金貨・銀貨の質を落として大量に発行→物価上昇をまねく。
- **生類憐みの令**…極端な動物保護政策。

▶ 8代将軍（❶　　　　　）の政治…**享保の改革**を行う。
- 武士に倹約と武芸を奨励。　●新田開発。　●一定の年貢。
- **目安箱**の設置。　●（❷　　　　　）の制定。

▶ 老中**田沼意次**の政治…わいろが横行する。
- （❸　　　　　）の営業独占を認める代わりに増税。
- 印旛沼（千葉県）の干拓。　●長崎貿易の奨励。

▶ 老中（❹　　　　　）の政治…**寛政の改革**を行う。
- 百姓の出かせぎを制限。　●旗本・御家人の借金帳消し。
- 武士に朱子学を学ばせる。　●出版物の統制。

2 農村の変化と民衆の動き　教 p.148～p.149

▶ **商品作物**の栽培→肥料や農具購入のため，貨幣経済が広まる。
- **小作人**となる百姓が増加。　●豊かな百姓が**地主**となる。
- 生産のしくみ…（❺　　　　　）→（❻　　　　　）。

▶ 農村で（❼　　　　　），都市で**打ちこわし**が起こる。

3 江戸時代後期の学問と文化　教 p.150～p.153

▶ 18世紀，儒学に対して新しい学問がおこる。
- （❽　　　　　）…**本居宣長**が『**古事記伝**』で大成。
- **蘭学**…**前野良沢**や**杉田玄白**が『（❾　　　　　）』を出版。
  - ◇ドイツ人医師**シーボルト**の私塾。　◇**伊能忠敬**…日本地図。

▶ （❿　　　　　）…19世紀初めの，江戸中心の民衆文化。

文学	**狂歌**や**川柳**。　**与謝蕪村**・**小林一茶**…俳諧 **十返舎一九**…こっけい本。『**東海道中膝栗毛**』 **滝沢（曲亭）馬琴**…長編小説。『**南総里見八犬伝**』
絵画	**錦絵**　**喜多川歌麿**…美人画 **葛飾北斎**・**歌川広重**…風景画
その他	**瓦版**の発行。

▶ 生活文化…節分などの年中行事。寺社への参詣・旅が娯楽に。

満点ミッション

❶**徳川吉宗**
8代将軍。才能のある武士のとり立てをすすめる。

❷**公事方御定書**
犯罪に対する刑罰を定める。

❸**株仲間**
商工業者の組合。

❹**松平定信**
祖父吉宗の政治を理想とする。

❺**問屋制家内工業**
百姓に商品を生産させ，賃金を支払う生産のしくみ。

❻**工場制手工業**
作業場で人を集めて行う分業と協業による生産のしくみ。

❼**百姓一揆**
年貢の引き下げなどを訴える。

❽**国学**
古来の日本人の考え方をさぐる学問。

❾**解体新書**
オランダ語の人体解剖書の翻訳書。

❿**化政文化**
江戸時代後期，文化・文政のころに栄えた文化。

ココが要点の答えになります。

テストに出る！

予想問題　4 幕府政治の改革と農村の変化

30分　/100点

1 右の年表を見て，次の問いに答えなさい。　7点×6〔42点〕

(1) 年表中のA・Bにあてはまる改革をそれぞれ書きなさい。
A（　　　　　）
B（　　　　　）

よく出る (2) 下線部a～dの人物が行った政治を，次からそれぞれ選びなさい。
a（　　）b（　　）
c（　　）d（　　）

年代	できごと
1680	a 徳川綱吉が5代将軍となる
1716	b 徳川吉宗が（ A ）を始める
1772	c 田沼意次が老中となる
1787	d 松平定信が（ B ）を始める

ア 旗本や御家人の借金を帳消しにした。
イ 株仲間を認めて，税を納めさせて収入の増加をはかった。
ウ 金貨・銀貨の質を落として大量に発行した。
エ 新田開発を奨励し，豊作不作に関係なく一定の年貢を取り立てた。

2 次の文を読んで，あとの問いに答えなさい。　7点×4〔28点〕

江戸時代にはa 菜種やあい，紅花などの栽培が盛んになり，農村に貨幣経済が広がった。また，b 問屋制家内工業やc 工場制手工業という生産のしくみも始まった。一方，生活に苦しむ百姓は（ A ）を起こし，都市の貧しい人々は商人をおそう（ B ）を行った。

(1) 文中のA・Bにあてはまる語句を書きなさい。
A（　　　　　）　B（　　　　　）
(2) 下線部aのような，売ることを目的とした作物を何といいますか。（　　　　　）
(3) 右の資料は，下線部b・cのどちらのようすをあらわしていますか。（　　）

3 次の文にあてはまる人物名や語句を書きなさい。　5点×6〔30点〕

(1) 『古事記伝』を書き，国学を大成した。（　　　　　）
(2) 前野良沢と『解体新書』を翻訳出版した。（　　　　　）
(3) 全国を測量し，正確な日本地図をつくった。（　　　　　）
(4) 『東海道中膝栗毛』などを書いた。（　　　　　）
(5) 浮世絵で右の美人画をえがいた。（　　　　　）
(6) 世の中のできごとを伝えた印刷物。（　　　　　）

ちょっとひといき　年表をながめて，できごとの間をつなぐ説明を考えてみよう！

第5編 第1章 日本の近代化

1 欧米の発展とアジアの植民地化

テストに出る！ ココが要点 解答 p.9

1 産業革命
教 p.162～p.163

▶ カリブ海の植民地…（❶　　　　　　）（大農場）が盛ん。

- 労働力として，アフリカの人の奴隷が連れてこられる。

▶ 18世紀，イギリスで産業革命が始まる。

- ワットが蒸気機関を改良→この動力や機械によって大規模な生産を行う（❷　　　　　　）が始まる。

▶ 産業革命の波及…19世紀には欧米各国へ。

資本家が労働者を賃金でやとう（❸　　　　　　）が広まる。	▶	生活環境の悪化や貧富の差の拡大などの問題が生じる。
		▼
労働者中心の社会をめざす（❺　　　　　　）が生まれる。マルクスの著作。	◀	労働者は労働組合をつくり（❹　　　　　　）を始める。

2 王政から議会制へ
教 p.164～p.165

▶ イギリスの議会政治

- 16世紀…国王による強力な政治→議会の不満が高まる。
- 17世紀中ごろ…議会と対立した国王が処刑される→議会による共和政治→**クロムウェル**による政治は安定せず王政が復活。
- 17世紀末…国王が国外に追放される（❻　　　　　　）が起こる→（❼　　　　　　）で国王が国民の自由と権利を守ることを約束→ロックが**社会契約説**に基づき革命を正当化。
- 議会で多数を占める政党が首相を出し，内閣をつくる習慣が生まれる→世界初の（❽　　　　　　）。

▼**権利の章典（一部要約）**

- 議会の同意なしに，国王は法律を停止することはできない。
- 国王は，議会の同意なしに，税を徴収することはできない。

▶ フランスの政治

- 18世紀…海外の植民地をめぐり，イギリスと戦争→財政難から農民や商工業者に重税→（❾　　　　　　）が広まる。
  - ◇三権分立を説いたモンテスキューや人民主権のルソーなど。

❶**プランテーション**
大規模な農園。

❷**工場制機械工業**
工場で大規模に生産を行う工業。

❸**資本主義**
商品を生産・販売し，利益を上げるしくみ。

❹**労働運動**
労働時間の短縮や賃金の引き上げを要求。

❺**社会主義**
平等な社会をめざし，生産手段を社会の共有とする考え方。

❻**名誉革命**
武力衝突がほとんどないまま，議会側が勝利。

❼**権利の章典**
イギリスの政治の基本となる。

❽**議会政治**
国民の代表による議会が政治の中心となる政治のしくみ。

❾**啓蒙思想**
自由や平等など人間の基本的な人権を重視する考え方。

ココが要点の答えになります。

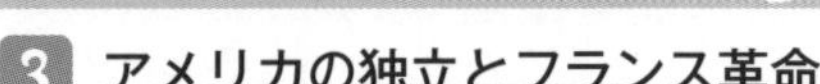

教科書 p.162～p.171

3 アメリカの独立とフランス革命

教 p.166～p.167

▶ アメリカ…本国イギリスの政策に反発→北アメリカの13の植民地が独立戦争を開始→（⑩　　　　　）発表。

- イギリスは**アメリカ合衆国**の独立を認める。
- 独立戦争の指導者**ワシントン**が初代大統領に就任。

▶ フランス…国王の独裁政治。貴族は無課税の特権。

- 財政難→国王が貴族への課税を認めてもらうために議会を招集。
  →政治に対する不満から，フランス革命が起こる。
- （⑪　　　　　）を発表。
- （⑫　　　　　）が権力をにぎり，1804年に皇帝に就任。
  ◇ヨーロッパの大部分を征服。

▼人権宣言（一部要約）

> 第１条　人は生まれながらにして，自由・平等である。
> 第３条　主権は国民にある。

▶ （⑬　　　　　）…身分制を打破し，人間の自由と平等をめざす運動。

4 新興勢力の台頭

教 p.168～p.169

▶ アメリカ…奴隷制をめぐり，（⑭　　　　　）が起こる。

北部	・国内産業の保護 ・奴隷制を批判	戦争	南部	・自由貿易 ・奴隷制の維持

- 北部が勝利。
  ◇戦争中に（⑮　　　　　）大統領が奴隷解放宣言。

▶ ロシア…皇帝による専制政治が続く。

- 南下政策でイギリスと対立。　●アジアへの進出を進める。

▶ ドイツ…小国が分立→統一国家建設へ。

- **プロイセン**…宰相**ビスマルク**のもとで富国強兵を進める。
- フランスとの戦争に勝利し，**ドイツ帝国**の統一を果たす。

5 ヨーロッパのアジア侵略

教 p.170～p.171

▶ インド…19世紀，イスラム教徒の**ムガル帝国**の支配がゆらぐ。

- イギリス産の綿織物が流入→インドの手工業がおとろえる。
  →イギリスへの不満から（⑯　　　　　）が起こる。
- イギリスがムガル帝国をほろぼし，インドを直接支配。

▶ 中国…明がほろびたのち，満州族の清が全土を支配。

- **三角貿易**でのアヘンの輸入を禁止→（⑰　　　　　）勃発。
  ◇（⑱　　　　　）条約…清に不利な条件で開国。
- 洪秀全が反乱を起こし，（⑲　　　　　）をつくる。

満点★ミッション

⑩**独立宣言**
1776年にイギリスからの独立を宣言。

⑪**人権宣言**
国民が政治を行う権限をもつとした。

⑫**ナポレオン**
ヨーロッパを支配したフランスの皇帝。

⑬**市民革命**
アメリカの独立戦争やフランス革命など。

⑭**南北戦争**
1861年に起こったアメリカの内戦。

⑮**リンカーン**
「人民の，人民による，人民のための政治」を訴えた大統領。

⑯**インド大反乱**
1857年に起こったシパーヒー（インド人兵士）による反乱。

⑰**アヘン戦争**
1840年に起こった清とイギリスの戦い。

⑱**南京条約**
アヘン戦争の講和条約。清は香港をイギリスに譲り渡す。

⑲**太平天国**
漢民族による国。

テストに出る！

予想問題　1 欧米の発展とアジアの植民地化

30分　/100点

1 右の年表を見て，次の問いに答えなさい。　3点×5〔15点〕

年代	できごと
1642	a イギリスで国王が処刑される
1688	（ A ）が起こる
1689	b 権利の章典が制定される
1765	（ B ）が蒸気機関を改良……………X

(1) 年表中のA・Bにあてはまる語句や人物名を書きなさい。　A（　　）　B（　　）

(2) 下線部aの後に行われた共和政治で，政権をにぎったのはだれですか。（　　）

(3) 右の資料は，下線部bの一部です。資料中の(　　)に共通してあてはまる語句を書きなさい。（　　）

・(　　)の同意なしに，国王は法律を停止することはできない。
・国王は，(　　)の同意なしに，税を徴収することはできない。
（一部要約）

よく出る (4) 年表中のXをきっかけに，社会のようすが大きく変化したことを何といいますか。（　　）

2 次の文を読んで，あとの問いに答えなさい。　4点×6〔24点〕

北アメリカにあった(A)の植民地の人々は，a 独立を求めて戦争を起こし，1776年に(B)を発表した。また，王政を批判し，自由や平等を重視する b 啓蒙思想の広まりから，c フランスでは1789年に市民革命が起こった。

(1) 文中のA・Bにあてあまる語句を書きなさい。　A（　　）　B（　　）

よく出る (2) 下線部aについて，この戦争の指導者で，後にアメリカ合衆国の初代大統領となったのはだれですか。（　　）

(3) 下線部bについて，社会契約説をとなえ，人民こそが主権者であるとする人民主権を主張した人物を，□から選びなさい。（　　）

モンテスキュー　　ロック　　ホッブズ　　ルソー　　マルクス

(4) 下線部cについて，次の問いに答えなさい。

① cのときに出された右の資料を何といいますか。（　　）

② cの後，外国軍との戦いで活躍し，のちに皇帝となったのはだれですか。（　　）

第1条　人は生まれながらにして，自由・平等である。
第2条　主権は国民にある。
（一部要約）

ちょっとひといき　テスト中の集中力しだいで，点数は変わる… 睡眠や体調管理も重要だよ！

3 次の表を見て，あとの問いに答えなさい。　5点×8〔40点〕

アメリカ合衆国	自由貿易や奴隷制をめぐる対立から国が分裂し，1861年に（ A ）が起こった。この内戦中，（ B ）宣言が出され，a 北部が勝利した。
プロイセン	b 富国強兵を進め，1871年にフランスとの戦いに勝利し，中心となって（ C ）を成立させた。
インド	c イギリスへの不満が高まる中，インド兵士が1857年に反乱を起こすと，d 反乱はインド各地に広がる（ D ）となった。

(1) 文中のA～Dにあてはまる語句や人物名を書きなさい。

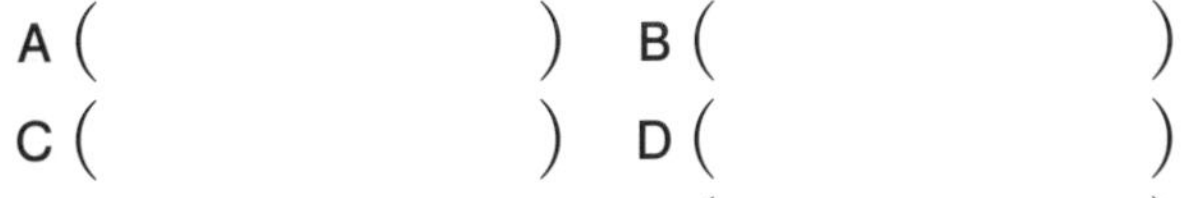

A（　　　　　）　B（　　　　　）
C（　　　　　）　D（　　　　　）

(2) 下線部aの指導者で，Bの宣言を出した大統領はだれですか。（　　　　　）

(3) 下線部bを進めた宰相はだれですか。（　　　　　）

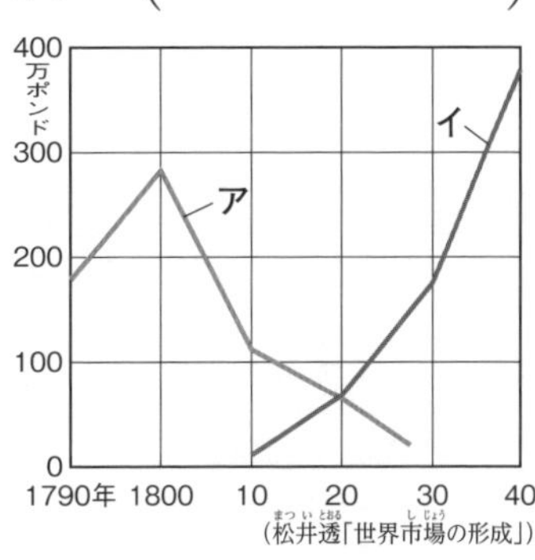

（松井透「世界市場の形成」）

(4) 下線部cについて，右の資料は，綿織物の輸出額の変化を示したものです。インドからイギリスへの輸出を示したものは，ア・イのうちどちらですか。（　　）

(5) dの結果，イギリスにほろぼされたのは何という国ですか。（　　　　　）

4 右の年表を見て，次の問いに答えなさい。　3点×7〔21点〕

年代	できごと
1840	イギリスが清を攻撃する
1842	イギリスと清が（ A ）を結ぶ
1851	洪秀全が（ B ）を建てる

(1) 年表中の下線部について，この戦いを何といいますか。（　　　　　）

(2) 右の図は，(1)の原因となった，イギリス，インド，清の間の貿易について示したものです。これについて，次の問いに答えなさい。

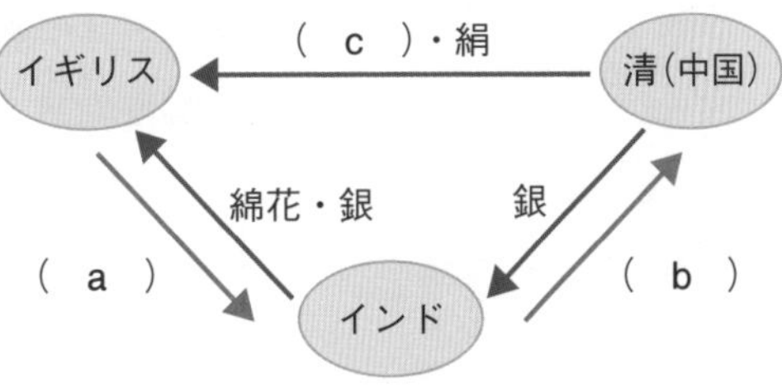

よく出る ① この貿易を何といいますか。（　　　　　）

② 図中のa～cにあてはまる品目を［　］からそれぞれ選びなさい。

a（　　　　　）
b（　　　　　）
c（　　　　　）

陶磁器	綿織物	茶	アヘン

(3) 年表中のA・Bにあてはまる語句を書きなさい。

A（　　　　　）　B（　　　　　）

2 近世から近代へ

満点ミッション

❶異国船打払令
外国船を軍事力で打ち払うことを命じる。

❷大塩平八郎
もと大阪町奉行所の役人で陽明学者。

❸水野忠邦
享保・寛政の改革にならった老中。

❹ペリー
アメリカの東インド艦隊司令長官。

❺日米和親条約
アメリカへの燃料・水などを供給。

❻井伊直弼
桜田門外で暗殺された江戸幕府大老。

❼尊王攘夷運動
外国人を打ち払い，朝廷の権威を高めようとする運動。

❽徳川慶喜
江戸幕府最後の将軍。

❾王政復古の大号令
幕府の廃止と天皇を中心とする新政府樹立を宣言。

❿戊辰戦争
函館で旧幕府軍降伏。

ココが要点の答えになります。

テストに出る！ ココが要点 解答 p.10

1 ゆらぐ幕府の支配　教 p.172～p.173

▷ 外国船の接近…幕府が（❶　　　　　）を出す。
- 幕府を批判した高野長英や渡辺崋山らを処罰（蛮社の獄）。

▷ 貧民の救済を求めて（❷　　　　　）が大阪で蜂起。

▷ 天保の改革…老中（❸　　　　　）が行う。
- 株仲間の解散による物価引き下げ。
- 都市の百姓を村へ帰す。
- アヘン戦争で清が敗北→異国船打払令をやめ，穏便な方針に。
- 江戸・大阪周辺の大名・旗本の領地を幕府の直轄地にしようとする→大名や旗本の反対にあい，失敗。

▷ 薩摩藩と長州藩が改革に成功→**雄藩**として政治に影響。

2 開国　教 p.174～p.175

▷ （❹　　　　　）が**浦賀**に来航。

▷ （❺　　　　　）を調印…下田・函館を開港。

▷ 日米修好通商条約を締結…大老（❻　　　　　）が朝廷の許可を得ないまま結ぶ→200年以上続いた鎖国が終わる。
- 函館・神奈川（横浜市）・長崎・新潟・兵庫（神戸）の5港を開く。
- 不平等…領事裁判権（治外法権）を認め，関税自主権がない。

▷ 自由貿易の開始により，経済が混乱。
- 外国製品流入→国内産業に打撃。
- 金貨流出→物価が上昇。

3 江戸幕府の滅亡　教 p.176～p.177

▷ （❼　　　　　）の発展…攘夷論と尊王論が結びつく。
- 大老井伊直弼は吉田松陰らを処刑（**安政の大獄**）。

▷ 薩長同盟が結ばれる→**坂本龍馬**や岩倉具視らと倒幕へ。

薩摩藩	同盟	長州藩
◇薩英戦争 →攘夷の困難をさとる。 ◇西郷隆盛・大久保利通		◇四国連合艦隊の下関攻撃 →攘夷の困難をさとる。 ◇高杉晋作・木戸孝允

▷ **世直し**への期待…一揆・打ちこわしの多発。「ええじゃないか」。

▷ 大政奉還…15代将軍（❽　　　　　）が政権を天皇に返す。
- 朝廷は新政府の樹立を宣言した（❾　　　　　）を出す。
- （❿　　　　　）…新政府軍が旧幕府軍を降伏させる。

テストに出る！
予想問題　2 近世から近代へ

30分　/100点

1 右の年表を見て，次の問いに答えなさい。　8点×8〔64点〕

年代	できごと
1837	大阪で（ A ）が乱を起こす
1841	水野忠邦(みずのただくに)が（ B ）を始める
1854	日米和親条約(にちべいわしん)を結ぶ
1858	（ C ）を結び，開国する

(1) 年表中のA～Cにあてはまる語句や人物名をそれぞれ書きなさい。A（　　）B（　　）C（　　）

(2) 年表中のBの政策としてあやまっているものを，次から選びなさい。（　　）

ア 株仲間を奨励(しょうれい)して，税収を増やした。

イ 都市に出かせぎにきていた百姓(ひゃくしょう)を村に帰らせた。

ウ 江戸・大阪周辺の大名や旗本の領地を幕府(ばくふ)の直轄地(ちょっかつち)にしようとした。

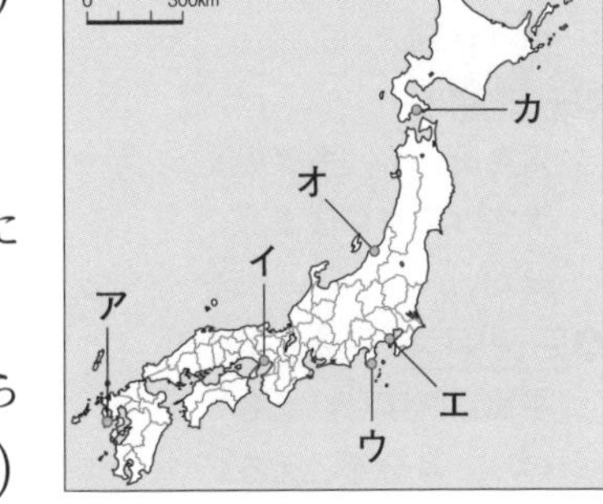

よく出る (3) 年表中の下線部の条約で開かれた港を，右の地図中から2つ選びなさい。（　　）（　　）

(4) 次の文は，年表中のCについて，日本にとって不平等な点をまとめたものです。X・Yにあてはまる語句を書きなさい。X（　　）Y（　　）

・日本で法をおかした外国人を，その国の領事が裁(さば)くという（ X ）を認(みと)めた。

・日本には，輸入品の関税率(かんぜいりつ)を自主的に定める（ Y ）がなかった。

2 次の文を読んで，あとの問いに答えなさい。　6点×6〔36点〕

> 尊王攘夷(そんのうじょうい)運動の広まりを受けて，大老の（ A ）は幕府を非難(ひなん)した大名や武士を処罰(しょばつ)した。一方，攘夷は困難だとさとった a 2つの藩(はん)が手を結び幕府を倒す計画を進めているなか，第15代将軍(しょうぐん)（ B ）は b 政権を朝廷(ちょうてい)に返上した。

(1) 文中のA・Bにあてあまる人物名を書きなさい。A（　　）B（　　）

(2) 下線部aについて，幕府を倒す中心となった藩を2つ書きなさい。（　　）（　　）

(3) 下線部bについて，次の問いに答えなさい。

よく出る ① このできごとを何といいますか。（　　）

② ①に対して朝廷は，天皇を中心とする新政府の樹立を宣言しました。この宣言を何といいますか。（　　）

ちょっとひといき　問題集の答えをノートに書いて，何度も解き直すのも◎！

3 近代国家へのあゆみ

❶五箇条の御誓文
世論に基づく政治の実現，外国との交流などを掲げる新政府の方針。

❷版籍奉還
大名から領地と人民を天皇に返させる。藩は存続。

❸廃藩置県
藩を廃止し，もとの大名は東京に住まわせた。

❹四民平等
平民は名字(姓)を名のり，身分をこえる結婚を認める。

❺解放令
身分・職業ともすべて平民とする。

❻富国強兵
欧米諸国に対抗するために掲げた新政府の政策のスローガン。

❼官営模範工場
外国人技術者を招き，進んだ技術や機械を導入した工場。

❽徴兵令
全国統一の近代的な軍隊をつくる。

❾地租改正
財源確保のための税制改革。

テストに出る！ ココが要点 解答 p.10

1 明治維新 教 p.180〜p.181

▶ (❶)…1868年，明治天皇が神に誓う形式で発布した，新政府の政治方針。
- 江戸を**東京**とし，年号を**明治**と定める。
- 五榜の掲示…人民の心得を示す。一揆やキリスト教を禁止。

▶ 明治維新…幕末から明治時代初めの諸改革と社会の変化。
- (❷)…1869年，諸大名から領地(版図)と人民(戸籍)を天皇に返させる。
- (❸)…1871年，藩を廃止。府・県をおいて府知事・県令を派遣→中央集権国家の基礎がつくられる。

▶ (❹)の理念…江戸時代までの身分制の廃止。職業の選択や移動の自由を認める。
- 皇族，華族，士族，平民の新しい身分制。
- 「(❺)」…「えた」，「ひにん」の身分を廃止し，平民とする→法令上は平等となったが，なおも差別は残る。

2 殖産興業と富国強兵 教 p.182〜p.184

▶ (❻)…経済を発展させて国力をつけ，強い軍隊をもつ。欧米諸国にならぶ近代国家の建設をめざす。
- 円を通貨の単位とし，銀行制度を整備する。
- 殖産興業…**富岡製糸場**などの(❼)をつくり，新しい技術の導入や普及をはかる。
- 交通…1872年，新橋・横浜間に**鉄道**が開通。汽船の運航。
- 通信…近代的な郵便制度導入。電信網の整備。

▶ (❽)…1873年発布。満20歳以上の男子に3年間の兵役を義務づける(**国民皆兵**)。
- 当初は多くの免除者。各地で徴兵反対の動き。

▶ (❾)…1873年実施。土地を測量して地価を定め，**地券**を発行。地価の3％を**地租**として，所有者は金納→政府の財政は安定。
- 農民の負担は江戸時代と変わらず，一揆が起こる→地租を2.5％に引き下げ。

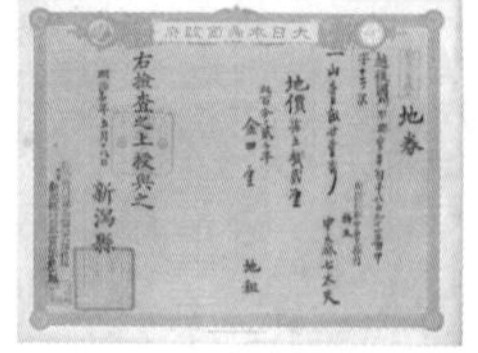

ココが要点の答えになります。

3 文明開化の展開

教 p.186〜p.188

▶ 学制…1872年制定。6歳以上のすべての男女に，小学校教育を受けさせせることを国民の義務とする(国民皆学)。

▶ 国民としての意識づくり

● (⑩　　　　　　) …『学問のすゝめ』で，人間の平等と個人の独立を説く。

● 中江兆民…フランスの民主主義思想を紹介。「東洋のルソー」。

▶ (⑪　　　　　　) …西洋風の生活様式をとり入れる風潮。

● れんが造りの洋館，ガス灯，馬車や人力車，洋装など。

● 1873年から**太陽暦**の採用。

4 近代的な国際関係の形成

教 p.190〜p.191

▶ (⑫　　　　　　) …1871年から欧米に派遣され，制度や文化を学ぶ。不平等条約改正は不成功。

▶ 領土の確定…「万国公法」体制の原理にのっとった外交関係。

● (⑬　　　　　　) …1871年と清と対等な立場で結ぶ。

● (⑭　　　　　　) …江華島事件を理由に，1876年に結び，朝鮮を開国させる。日本にとって有利な最初の不平等条約。

5 領土の画定と隣接地域

教 p.192〜p.193

▶ 領土の画定

● (⑮　　　　　　) …日本がロシアに樺太をゆずる代わりにウルップ島から北の千島列島を領有。1875年に締結。

● 1876年，**小笠原諸島**を日本の領土にすることを各国に通告。

▶ 琉球王国…1872年に琉球藩をおく→1874年に台湾に出兵→1879年，琉球へ軍隊を送り，**沖縄県**を設置(琉球処分)。

▶ 蝦夷地…1869年，開拓使を設置し，(⑯　　　　　　) と改める。屯田兵による防備を兼ねた開拓事業を始める。

● アイヌの人々に移住を強制。日本語や日本式の名前も義務づけ。

満点★ミッション

⑩**福沢諭吉**
「天は人の上に人を造らず，人の下に人を造らずと云えり」で始まる『学問のすゝめ』をあらわす。

⑪**文明開化**
明治時代にみられた社会全体に西洋の風俗や文物をとり入れる風潮。

⑫**岩倉使節団**
岩倉具視を代表とする使節団。条約改正をめざしたがかなわなかった。

⑬**日清修好条規**
清と，相互に対等な地位を認める。

⑭**日朝修好条規**
朝鮮と，日本の軍事的圧力によって締結。

⑮**樺太・千島交換条約**
ロシアと領土交換を決めた条約。

⑯**北海道**
開拓使によって，炭鉱開発や官営工場運営が行われた。

⑰**沖縄県**
琉球王国が廃されて琉球藩とされたのち，1879年に設置。

⑱**小笠原諸島**
東京の南の太平洋上にある諸島。1876年に領有を通告。

テストに出る！
予想問題　3 近代国家へのあゆみ

30分　/100点

1 次の文を読んで，あとの問いに答えなさい。　3点×8〔24点〕

明治政府は，1868年に天皇が神に誓う形式で a 新しい政治の方針を示した。江戸を（ A ）と改称し，版籍奉還や b 廃藩置県などの改革に取り組んだ。c 四民平等とし，差別されていた身分を廃止する「（ B ）」を出した。これらの一連の改革と社会の変化を（ C ）という。

(1) 文中のA～Cにあてはまる語句を，それぞれ書きなさい。
A（　　） B（　　） C（　　）

よく出る (2) 右の資料は，文中の a を示しています。この方針を何といいますか。
（　　）

一 広ク会議ヲ興シ，万機公論ニ決スヘシ。
一 上下心ヲ一ニシテ盛ニ経綸ヲ行フヘシ。
一 官武一途庶民ニ至ル迄，各其志ヲ遂ケ，人心ヲシテ倦マサラシメンコトヲ要ス。
一 旧来ノ陋習ヲ破リ天地ノ公道ニ基クヘシ。
一 智識ヲ世界ニ求メ，大ニ皇基ヲ振起スヘシ。

(3) (2)の内容にあてはまらないものを，次から選びなさい。（　　）

ア 昔からの慣習を重んじる。
イ 世論を大切にして政治を進める。
ウ 外国との交流を深め，国の発展をはかる。

(4) 下線部 b によって中央から派遣されたのは，府知事と何ですか。（　　）

(5) 下線部 c によって，江戸時代の次の身分は，何という身分に改められましたか。
①公家・大名（　　） ②百姓・町人（　　）

2 右の年表を見て，次の問いに答えなさい。　(4)は7点，4点×4〔23点〕

年代	できごと
1872	新橋・横浜間に（ A ）が開通
	a 群馬に官営模範工場がつくられる
1873	国民皆兵として（ B ）が出される
	b 地租改正が行われる

(1) 年表中のA・Bにあてはまる語句を，それぞれ書きなさい。
A（　　）
B（　　）

(2) フランス人技師を招き，生糸を生産した下線部 a の工場を何といいますか。
（　　）

(3) (2)をつくるなど，新技術の開発と普及にあたった政府の方針を何といいますか。
（　　）

記述 (4) 下線部 b の目的を，「財政」の語句を使って簡単に書きなさい。
（　　）

3 次の文を読んで，あとの問いに答えなさい。 3点×6〔18点〕

政府は，国民に実用的で広い知識を身につけさせようと，1872年に（ A ）を定めた。また，近代国家をつくる人材を育てるために，新しい思想が広められた。

（ B ）はa『学問のすゝめ』をあらわし，（ C ）はフランスの民主主義思想を紹介した。都市部では人々の生活に，b西洋の文化がとり入れられていった。

(1) 文中のA～Cにあてはまる語句や人物名をそれぞれ書きなさい。
A（　　　　）B（　　　　）C（　　　　）

(2) 下線部aについて，次の文の（　　）にあてはまる語句を書きなさい。
「人は生まれながらに（　　）である」という考えが説かれていた。
（　　　　）

よく出る (3) 下線部bの風潮を何といいますか。（　　　　）

(4) 下線部bのなかで，1873年に採用された暦を何といいますか。（　　　　）

4 右の年表を見て，次の問いに答えなさい。 (3)は7点，4点×7〔35点〕

年代	できごと
1869	蝦夷地を（ A ）と改称
1871	日清修好条規を結ぶ
	a 岩倉使節団を派遣する
1875	b 樺太・千島交換条約を結ぶ
1876	c 日朝修好条規を結ぶ
1879	（ B ）県設置（琉球処分）

(1) 年表中のA・Bにあてはまる語句を書きなさい。
A（　　　　）B（　　　　）

(2) 年表中のAに政府がおいた役所を□から選びなさい。（　　　　）

太政官　開拓使　屯田兵

記述 (3) 下線部aはある目的をもって派遣されましたが，失敗しました。どのような目的ですか。
（　　　　）

(4) 下線部bについて，右の地図中のX・Yの地名をそれぞれ書きなさい。
X（　　　　）
Y（　　　　）

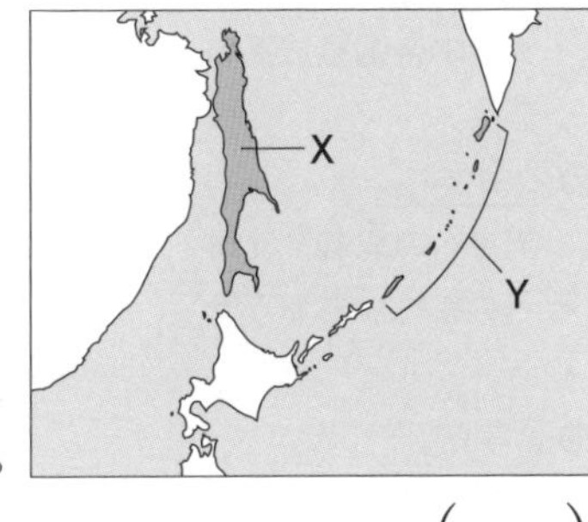

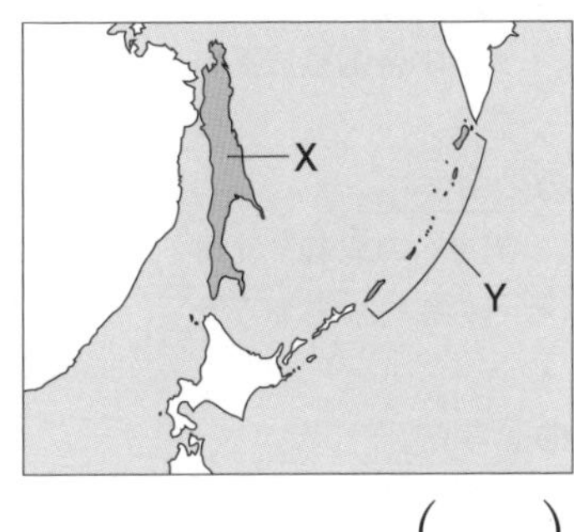

(5) 下線部bの条約で日本の領土とされたのは，地図中のX・Yのどちらですか。（　　）

(6) 下線部cについて，あてはまるものを次から選びなさい。（　　）

ア 日本が琉球を領有することが決まった。
イ 江華島事件を理由として結ばれた。
ウ おたがいの対等な立場を認めた条約だった。

4 立憲制国家の成立

❶征韓論
西郷隆盛らが主張。

❷西南戦争
鹿児島で起こった士族の最大の反乱。

❸板垣退助
征韓論に破れ，政府を去った人物。高知で立志社を設立。

❹国会期成同盟
1880年結成。自由民権運動の代表がまとまり，国会開設を政府に要求。

❺自由党
板垣退助らが結成。フランス流の自由主義政党。士族や自作農に支持される。

❻秩父事件
1884年，埼玉県秩父地方で生活に苦しむ農民が蜂起。

❼伊藤博文
ドイツ憲法を学び，憲法草案を作成。

❽帝国議会
大日本帝国憲法下の議会。

❾教育勅語
天皇への忠義や父母への孝行などをうたう。

❿藩閥政府
薩摩・長州・土佐・肥前の４つの藩が実権をにぎる政府。

テストに出る！ ココが要点 解答 p.11

1 士族の反乱と自由民権運動 教 p.194～p.195

▷ 帯刀・俸禄などの士族の特権取り上げ→士族の不満が高まる。
- 不満をそらすため，朝鮮に対し（❶　　　　）を決定。
→大久保利通・木戸孝允らの反対→西郷隆盛らが政府を去る。
- 西郷隆盛を指導者に（❷　　　　）が起こる→政府軍が鎮圧→以降，武力ではなく言論による政治改革へ。

▷ 自由民権運動…立憲制国家の樹立をめざす。
- **民撰議院設立建白書**…（❸　　　　）が政府の専制を批判し1874年提出。国会開設による国民の政治参加を求める。
- （❹　　　　）…民権派の代表が大阪に集まって結成。

2 憲法をめぐる対立 教 p.196～p.197

▷ 各地で憲法の私案（私擬憲法）がつくられる。
- 大隈重信…早急な国会開設を政府内で主張。
- 明治14年の政変→**国会開設の勅諭**で，10年後の国会開設を公約。**ドイツ（プロイセン）**流憲法制定の方針に。

▷ 政党の結成…板垣は（❺　　　　），大隈は立憲改進党。
- （❻　　　　）…武装した農民に自由党員が加わり蜂起。
→自由民権運動は激化したが，弾圧によりおとろえる。

3 大日本帝国憲法の制定 教 p.198～p.199

▷ 内閣制度…1885年創設。（❼　　　　）が初代の**内閣総理大臣**となる。

▷ 大日本帝国憲法…1889年発布。天皇を主権者とする。
- （❽　　　　）…**衆議院**と**貴族院**。立法や予算の決定。
- （❾　　　　）…忠君愛国を国民道徳の基本にする。

4 藩閥政府と民党 教 p.200～p.201

▷ 第１回衆議院議員総選挙…民党（野党）が過半数を占める。
- 選挙権…直接国税15円以上を納める満25歳以上の男子のみ。
◇有権者は当時の日本の人口の約1.1％。
- 薩摩藩や長州藩などの出身者による（❿　　　　）。

▷ 法律の整備…民法・商法も公布。民法では「家」を重視する家族制度のもと，家長である戸主に大きな権限。

ココが要点の答えになります。

テストに出る！
予想問題 4 立憲制国家の成立

30分 /100点

1 右の年表を見て，次の問いに答えなさい。 6点×10〔60点〕

年代	できごと
1874	a（ A ）設立建白書を提出
1877	b 鹿児島で士族の反乱が起こる
1880	（ B ）同盟が結成される
1881	c（ C ）の勅諭が出される
1884	（ D ）事件が起こる

(1) 年表中のA～Dにあてはまる語句を，それぞれ書きなさい。 A（ ） B（ ） C（ ） D（ ）

よく出る (2) 下線部aを行った中心人物はだれですか。（ ）

(3) 下線部aをきっかけに広まった，国民の政治参加を求める運動を何といいますか。（ ）

よく出る (4) 下線部bについて，この反乱を何といいますか。また，指導者となったのはだれですか。

反乱名（ ） 指導者（ ）

(5) (4)の反乱の後，政府への批判は武力によるものから，何によるものに変わりましたか。漢字２字で書きなさい。（ ）

(6) 年表中の下線部cを受けて，大隈重信が結成した政党を何といいますか。（ ）

2 右の図は1889年に発布された憲法のもとでの統治のしくみを示しています。これを見て，次の問いに答えなさい。 5点×8〔40点〕

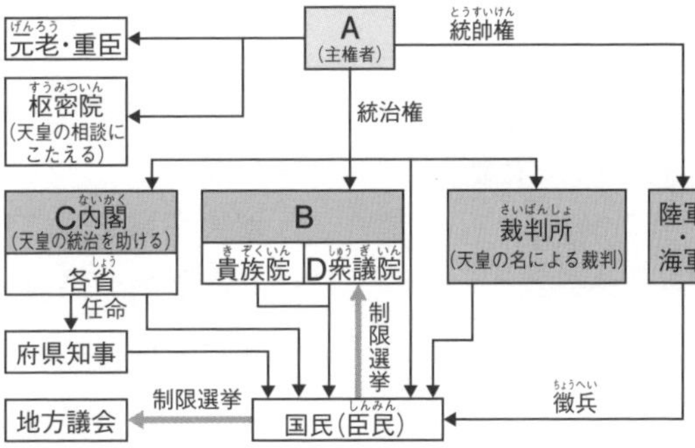

(1) 図のしくみを定めている憲法を何といいますか。（ ）

よく出る (2) この憲法の手本となったのは，どこの国の憲法ですか。（ ）

(3) 図中のA・Bにあてはまる語句を書きなさい。 A（ ） B（ ）

よく出る (4) 図中のCについて，初代内閣総理大臣はだれですか。（ ）

(5) 図中のDについて，次の文中のX～Zにあてはまる語句や数字を書きなさい。

X（ ） Y（ ） Z（ ）

「第１回衆議院議員総選挙では，直接国税を（ X ）円以上納める満（ Y ）歳以上の（ Z ）のみに選挙権が与えられた。」

ちょっとひといき 「先生の好きな歴史人物」は要チェック！

5 日清・日露の戦争と東アジアの動き

テストに出る！ ココが要点 解答 p.11

1 列強の動向とアジア
教 p.202〜p.203

▶ (❶　　　　　)…列強が(❷　　　　　)を求めてアジア・アフリカに侵略し，たがいに対立する動き。

▶ 日本の**条約改正**…幕末に欧米列強と結んだ不平等条約の改正。
- **欧化政策**…鹿鳴館を建てて外国人を招き，舞踏会を催す。
- **ノルマントン号事件**→不平等条約改正を求める世論が高まる。
- 1894年，(❸　　　　　)外相が**治外法権の撤廃**に成功。
- 1911年，(❹　　　　　)外相が**関税自主権の回復**に成功。

▶ 朝鮮…開化政策に転換→反対勢力・日本と清の干渉で不安定。
- ロシアの極東進出→日本で朝鮮進出の意見が強まる。

2 朝鮮をめぐる対立
教 p.204〜p.205

▶ (❺　　　　　)…1894年，清と日本が朝鮮に出兵。
- 朝鮮で起こった(❻　　　　　)がきっかけ。
- 近代的な装備の日本が勝利。

▶ (❼　　　　　)**条約**
- 清は，朝鮮が完全な独立国であることを認める。
- 清は，遼東半島・台湾などを日本にゆずりわたす。
- 清は，日本に2億両の賠償金を支払う。

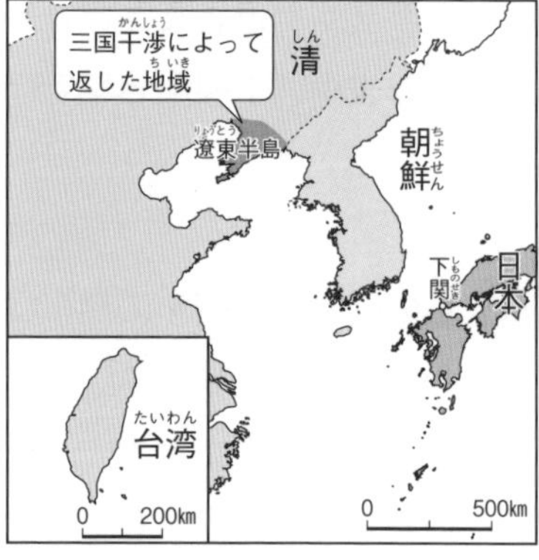

▶ (❽　　　　　)…ロシアがドイツ・フランスとともに，遼東半島を清に返還するよう要求→日本は受け入れる。

▶ 政党勢力の成長
- 日本はロシアに対抗し，積極的な軍備の拡張(軍拡)を進める。
→予算を確保するため，増税が必要→議会の協力が必要。
→政党(民党)の力が強まる。
- 1898年，憲政党が結成され，日本で最初の政党内閣である大隈重信内閣が誕生→党内対立により，短期間で総辞職。
- 1900年，藩閥の代表である伊藤博文が(❾　　　　　)を結成→政党勢力をリード。

❶**帝国主義**
軍事力で植民地を広げようとする動き。

❷**植民地**
他の国に支配。

❸**陸奥宗光**
治外法権の撤廃に成功した外相。

❹**小村寿太郎**
関税自主権の回復に成功した外相。

❺**日清戦争**
1894年に起こった日本と清との戦争。

❻**甲午農民戦争**
朝鮮で東学を信仰する農民らが起こした反乱。

❼**下関条約**
日清戦争の講和条約。下関(山口県)で1895年に締結。

❽**三国干渉**
ロシア，ドイツ，フランスが遼東半島の返還を日本に要求したできごと。

❾**立憲政友会**
伊藤博文が結成した政党。

ココが要点の答えになります。

教科書
p.202〜p.209

3 朝鮮・満州をめぐる日本とロシアの対立

教 p.206〜p.207

▶ (⑩　　　　　　)…中国で欧米列強に対する排外運動が起こる→日本をふくむ8か国連合軍が鎮圧。

- (⑪　　　　　　)…1902年，イギリスとの間で結ぶ。
  - ◇日本…韓国をめぐりロシアと対立。
  - ◇イギリス…ロシアの南下をおさえるねらい。
- ロシアとの開戦論の高まり→幸徳秋水や内村鑑三は反対。
- 与謝野晶子は戦争批判の詩を発表。

▶ (⑫　　　　　　)…1904年，日本とロシアが戦う。

- 日本が日本海海戦に勝利。
- 両国とも戦争の継続が困難に。

▼日清戦争と日露戦争の比較

	日清戦争	日露戦争
兵力(日本)	24.1万人	108.9万人
戦死者(日本)	1.3万人	8.4万人
戦費(日本)	2.0億円	17.5億円

(「近代日本総合年表」ほか)

▶ (⑬　　　　　　)…アメリカのなかだちで結ばれる。

- 韓国における優越権が認められ，樺太の南半分などを得る。
- 賠償金は得られず→国民の不満が高まり，東京では**日比谷焼き打ち事件**が起こる。
- 南満州鉄道株式会社(満鉄)…満州での勢力拡大のため敷設。
  - ◇鉄道・炭鉱・製鉄所を経営。

4 日本の朝鮮支配

教 p.208〜p.209

▶ 日本は韓国の外交権をにぎり，伊藤博文が初代統監府に就任。

- 韓国ではげしい抵抗運動→伊藤博文が安重根に暗殺される。

▶ (⑭　　　　　　)…1910年に韓国を植民地とする。

- 韓国は朝鮮と改められ，(⑮　　　　　　)が設置される。
- 日本語が国語として教えられ，日本の歴史の学習を強要。

▶ 中国…帝国主義諸国の進出→清をたおし，独立を守る運動。

- 孫文が(⑯　　　　　　)を主張。
- (⑰　　　　　　)…清の支配が終わる。
  - ◇1911年，兵士たちが反乱を起こす→翌年，南京を首都とする(⑱　　　　　　)が成立。
  - ◇孫文が臨時大総統に就任。アジア初の共和国憲法制定。
  - ◇軍閥の**袁世凱**が清の皇帝を退位させる。
- 大総統に就任した袁世凱が独裁政治を行う→混乱が続く。

満点ミッション

⑩**義和団事件**
排外運動が，日本やロシアなどによって鎮圧された事件。

⑪**日英同盟**
日本とイギリスが結んだ軍事同盟。

⑫**日露戦争**
1904年に起こった日本とロシアとの戦争。

⑬**ポーツマス条約**
日露戦争の講和条約。

⑭**韓国併合**
日本が韓国を植民地としたこと。

⑮**朝鮮総督府**
日本が朝鮮においた役所。

⑯**三民主義**
孫文が唱えた民族主義，民権主義，民生主義のこと。

⑰**辛亥革命**
清がほろび，中華民国が建国された革命。

⑱**中華民国**
辛亥革命によって建国された国。

テストに出る！
予想問題　5 日清・日露の戦争と東アジアの動き

30分　/100点

1 右の年表を見て，次の問いに答えなさい。　4点×5〔20点〕

年代	できごと
1883	a 鹿鳴館(ろくめいかん)が完成する
1894	（ A ）が b 治外法権(ちがいほうけん)の撤廃(てっぱい)成功
1911	（ B ）が関税自主権(かんぜいじしゅけん)を回復

(1) 年表中の a に象徴(しょうちょう)される，日本の近代化を外国に示そうとした政策を何といいますか。

（　　　　　　　）

よく出る (2) 年表中の A・B にあてはまる人物名を書きなさい。

A（　　　　　　　）
B（　　　　　　　）

(3) 年表中の b を求める世論を高めた，右の資料があらわしている事件を何といいますか。

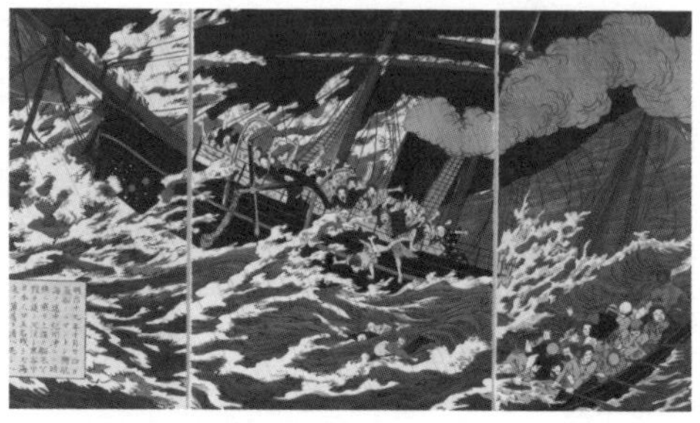

（　　　　　　　）

(4) 下線部 b のときに交渉(こうしょう)に応じた国を，□から選びなさい。

アメリカ　　ロシア　　イギリス

（　　　　　　　）

2 次の文を読んで，あとの問いに答えなさい。　3点×8〔24点〕

a 1894年，朝鮮(ちょうせん)で起こった大規模(だいきぼ)な反乱をきっかけに日清(にっしん)戦争が始まった。翌年，日本が勝利し b 講和条約が結ばれた。しかし，条約に対し，c ロシアはドイツとフランスを誘って，日本がゆずり受けた領土を清に返すように求め，日本はこれを受け入れた。

(1) 下線部 a を何といいますか。　（　　　　　　　）

よく出る (2) 右の資料は下線部 a のころの情勢の風刺画(ふうしが)です。資料中の A ～ C が示す国を，地図中の あ ～ う からそれぞれ選びなさい。　A（　　）　B（　　）　C（　　）

(3) 下線部 b の条約を何といいますか。

（　　　　　　　）

よく出る (4) 下線部 c について，次の問いに答えなさい。

① 3か国がこのように要求したできごとを何といいますか。

（　　　　　　　）

② このとき日本が清に返した地域を何といいますか。また，その位置を，地図中のア～オから選びなさい。

地名（　　　　　　　）　位置（　　）

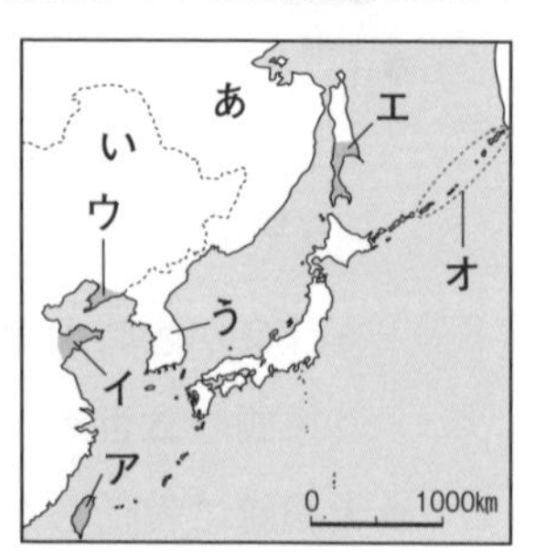

ちょっとひといき　テスト期間，毎日1つ目標を決めて，達成しよう！

3 右の年表を見て，次の問いに答えなさい。

4点×9〔36点〕

年代	できごと
1900	（ A ）が起こる
	↕ア
1904	日露戦争が起こる
	↕イ
1905	（ B ）が結ばれる

よく出る (1) 年表中のAでは，列強の侵略に反対する人々が北京の外国公使館を取り囲み，日本など8か国の連合軍によって鎮圧されました。この事件を何といいますか。
（　　　　）

(2) 右の図は，年表中の下線部が起こる前の国際関係を示したものです。図中のa～cにあてはまる国名を，□からそれぞれ選びなさい。 a（　　　　）
b（　　　　） c（　　　　）

イギリス　フランス　アメリカ

よく出る (3) 年表中の下線部に反対し，「君死にたまふことなかれ」という詩を発表したのはだれですか。
（　　　　）

(4) 右の図中のb国と日本との同盟が成立した時期は，年表中のア・イのうちどちらですか。（　　）

(5) 年表中のBについて，次の問いに答えなさい。

① Bにあてはまる日露戦争の講和条約を何といいますか。（　　　　）

② ①を結ぶなかだちをした国はどこですか。（　　　　）

③ ①で日本が得たものとしてあやまっているものを，次から選びなさい。（　　）

ア 樺太の南半分　イ 韓国における優越権　ウ 賠償金
エ 旅順や大連　オ ロシアが満州に建設していた鉄道の一部

4 次の文を読んで，あとの問いに答えなさい。

4点×5〔20点〕

a日本は1910年，軍事力を背景に韓国を植民地とした。一方，中国では，三民主義をとなえた（ A ）を中心に近代的国家をつくろうとする運動が盛んになり，b1911年，多くの省が清からの独立を宣言し，翌年，南京を首都とする（ B ）が成立した。

(1) 文中のA・Bにあてはまる語句・人物を書きなさい。
A（　　　　） B（　　　　）

(2) 下線部aについて，次の問いに答えなさい。

① このできごとを何といいますか。（　　　　）

② ①のあと，韓国におかれた役所を何といいますか。（　　　　）

(3) 下線部bが示す，清の支配を終わらせた革命を何といいますか。（　　　　）

ちょっとひといき　何の前・何の後か，時系列を意識しながら覚えてみよう！

6 近代の日本の社会と文化

❶八幡製鉄所
福岡県につくられた官営工場。鉄鋼の需要にそなえる。

❷財閥
三井・三菱・住友など。日本経済を支配。

❸社会民主党
1901年に幸徳秋水らが結成。

❹大逆事件
天皇の暗殺を企てたとされた。処刑された人の多くは無実。

❺田中正造
足尾鉱毒事件に対して運動を行った国会議員。

❻夏目漱石
『こころ』など人間の心理をえがく。

❼樋口一葉
『にごりえ』など女性の感情を表現。

❽黒田清輝
「湖畔」などの西洋画をえがく。

❾野口英世
黄熱病の研究などで世界的に活躍。

テストに出る! ココが要点

解答 p.12

1 日本の産業革命

教 p.210～p.211

▶ **産業革命**…日本では，軽工業→重工業の順に発展。

- **紡績業**が発展→1890年代半ばに綿糸の輸入国から輸出国へ。
- 製糸業…生糸をアメリカに輸出し，兵器や機械・原料を輸入。
- (❶　　　　)…日清戦争の賠償金で建設。鉄鋼の生産。
- 主要な鉄道の国有化。
- (❷　　　　)が鉱山や工場の払い下げを受けて成長。

▶ 産業革命で生活が豊かになる一方で，貧富の差が拡大。

- 女子や児童の労働問題。
- 小作人の増加。地主との格差。

2 社会運動の発展と近代文化の形成

教 p.212～p.214

▶ 社会問題の表面化により，社会運動が発展。

- **治安警察法**…1900年公布。労働運動のとりしまり強化。
- (❸　　　　)…日本最初の社会主義政党。
- (❹　　　　)…1910年，政府が幸徳秋水らを処刑。
- **足尾鉱毒事件**…日本最初の公害問題。(❺　　　　)が銅山の操業停止や被害民救済を求めて運動。
- **青鞜社**…平塚らいてうらが自由恋愛や女性解放を主張。

▶ 新時代の文学と芸術…近代的な文化が発展。

文学	**坪内逍遙**…近代的文学観の提唱。『小説神髄』 **二葉亭四迷**…言文一致体の確立。『浮雲』 (❻　　　　)…『吾輩ハ猫デアル』 **正岡子規**…俳句・短歌の近代化。『病床六尺』 (❼　　　　)…『たけくらべ』
美術	**横山大観**…日本画。「無我」 (❽　　　　)…西洋画。「湖畔」 **荻原守衛**…彫刻。「女」

▶ 日露戦争後，義務教育が6年制になり，就学率が9割をこえる。

- 国定教科書の使用。
- 帝国大学や専門学校の整備。
- 私立大学誕生。
- 自然科学の進歩…(❾　　　　)(黄熱病の研究)・**北里柴三郎**(破傷風の血清療法)・**長岡半太郎**(原子構造の研究)ら。

ココが要点の答えになります。

テストに出る！

予想問題 6 近代の日本の社会と文化

30分

/100点

1 次の文を読んで，あとの問いに答えなさい。

(7)5点，他7点×10〔75点〕

日本では，a日清戦争前後に（ A ）が，日露戦争前後に（ B ）が発展し，b工業生産力が急速にのびた。三井・三菱などは（ C ）とよばれ，経済を支配した。いっぽうで，c労働問題やd公害問題が発生。また，土地を手放し（ D ）になる者が増え，貧富の差が拡大した。こうしたなか，e貧困や抑圧からの解放を求める新しい運動が始まった。

(1) 文中のA～Dにあてはまる語句を，□からそれぞれ選びなさい。

A（　　　） B（　　　）
C（　　　） D（　　　）

資本家　小作人　重工業　地主　軽工業　財閥

よく出る (2) 下線部aのできごとを，何といいますか。（　　　）

(3) 下線部bに関し，このころの日本の主な輸出品を，次から2つ選びなさい。

ア 精密機械　イ 生糸　ウ 銀　エ 綿織物　（　）（　）

(4) 下線部cに対し，労働組合が結成され，労働運動が起こりました。それに対し，政府がとりしまりのために公布した法律を何といいますか。（　　　）

(5) 下線部dについて，栃木県の渡良瀬川流域で起こった問題を何といいますか。（　　　）

(6) 下線部eについて，右の資料は，平塚らいてうらがつくった団体の宣言の一部です。この団体を何といいますか。（　　　）

元始，（　　）は実に太陽であった。真正の人であった。今，（　　）は月である。他によって生き，他の光によってかがやく，病人のようなあお白い顔の月である。

(7) 右上の資料の（　）に共通してあてはまる語句を書きなさい。（　　　）

2 次の文にあてはまる人物名を，□からそれぞれ選びなさい。

5点×5〔25点〕

(1) 日本画で活躍した。（　　　）

(2) 俳句と短歌の近代化に努めた。（　　　）

(3) 破傷風の血清療法を発見した。（　　　）

(4) 原子構造の研究を行った。（　　　）

(5) 黄熱病を研究した。（　　　）

二葉亭四迷　横山大観　北里柴三郎　野口英世　正岡子規　長岡半太郎

ちょっとひといき 漢字が思い出せないときは，とりあえず平仮名で書いておこう！

1 第一次世界大戦と戦後の世界

❶**ヨーロッパの火薬庫**
民族や宗教上の争いがくり返されたバルカン半島のこと。

❷**サラエボ事件**
セルビア人青年がオーストリア皇太子夫妻を暗殺した事件。

❸**総力戦**
国家の総力をあげた戦いで，甚大な被害をもたらした。

❹**ソビエト社会主義共和国連邦**
1922年，ソビエト政府が建国。

❺**二十一か条の要求**
第一次世界大戦中に日本が中国に認めさせた要求。

❻**米騒動**
富山県の漁村の主婦が米の安売りを要求したことをきっかけとする。

❼**ベルサイユ条約**
第一次世界大戦の講和条約。

❽**三・一独立運動**
1919年3月1日に朝鮮で独立宣言を出す。

❾**五・四運動**
1919年5月4日に中国で起こる。

❿**ワシントン会議**
1921年アメリカのよびかけで開催。

ココが要点の答えになります。

テストに出る！ ココが要点

解答 p.13

1 第一次世界大戦

教 p.224～p.225

▶ 20世紀初めの列強の対立

三国協商	対立	三国同盟
イギリス・フランス・ロシア		ドイツ・オーストリア・イタリア

▶ バルカン半島…「(❶　　　　　　)」とよばれる。

▶ **第一次世界大戦**…1914年，セルビア人青年がオーストリア皇太子夫妻を暗殺する(❷　　　　　　)をきっかけに開戦。

- 連合国…ロシア・イギリス・フランスなどがセルビアを支援。
- 同盟国…オーストリア・ドイツ。
- イタリア・日本・中国・アメリカは連合国側で参戦。
- 国家の総力をあげた(❸　　　　　　)となる。

▶ ロシア…1917年の**ロシア革命**により，皇帝が退位。

- **レーニン**の指導によりつくられたソビエト政府がドイツと講和。
- 社会主義国家(❹　　　　　　　　　　)(**ソ連**)を建設。

2 日本の参戦と大戦景気

教 p.226～p.227

▶ 日本は**日英同盟**を理由にドイツに宣戦布告。

▶ (❺　　　　　　)…1915年，中国政府に対し，ドイツの山東省における権益を日本にゆずることなどを求める。

▶ **大戦景気**…大戦中，軍需品の生産により，造船・鉄鋼業が発展。

- 工業生産額が農業生産額を上回る。　●**成金**の登場。
- 三井・三菱・住友など**財閥**が力を強める。

▶ **シベリア出兵**…ロシア革命を阻止するために軍隊を送る。

- 国内で米の買い占めが起こり，(❻　　　　　　)が広がる。

3 大戦後の世界とアジアの民族運動

教 p.228～p.229

▶ (❼　　　　　　)…1919年，パリでの講和会議で締結。

- **ウィルソン大統領**の提案で**国際連盟**設立。

▶ ウィルソンは**民族自決**も提唱→東ヨーロッパに多くの独立国。

- インド…**ガンディー**が非暴力・不服従の抵抗運動を起こす。
- 朝鮮…(❽　　　　　　)で日本からの独立を目ざす。
- 中国…講和条約に反対する(❾　　　　　　)が起こる。

▶ (❿　　　　　　)…軍備縮小・日英同盟の廃止などが決定。

テストに出る！
予想問題 1 第一次世界大戦と戦後の世界

30分 /100点

1 右の年表を見て，次の問いに答えなさい。
(1)8点×2，7点×8〔72点〕

年代	できごと
	a 列強が対立する
1914	b サラエボ事件が起こる
	（ A ）が始まる
	c 日本が参戦する
1915	日本が中国に（ B ）を出す
1917	d ロシア革命が起こる
1918	ドイツが降服する

(1) 下線部aについて，三国同盟・三国協商を結んだ国を，□からそれぞれ選びなさい。

三国同盟（　　　　）
三国協商（　　　　）

イギリス　フランス　ドイツ　スペイン
オーストリア　オランダ　イタリア　ロシア

よく出る (2) 当時，戦争が絶えず「ヨーロッパの火薬庫」とよばれた地域を何といいますか。また，その場所を右の地図のア～エから選びなさい。

地域名（　　　　）　場所（　　）

(3) 下線部bは，セルビア人青年がどこの国の皇太子夫妻を暗殺した事件ですか。（　　　　）

(4) 年表中のA・Bにあてはまる語句を書きなさい。

A（　　　　）　B（　　　　）

よく出る (5) 下線部cについて，日本は何を理由として参戦しましたか。

（　　　　）

(6) 下線部dを指導した人物はだれですか。（　　　　）

(7) 下線部dを阻止するため，日本が連合国とともに行った軍事行動を何といいますか。

（　　　　）

2 次の問いに答えなさい。
(3)10点，6点×3〔28点〕

(1) 1919年，講和会議が開かれ，ベルサイユ条約が締結された都市はどこですか。

（　　　　）

(2) 1920年に設立された，平和を守るための国際機関を何といいますか。

（　　　　）

記述 (3) ウィルソン大統領の提唱した「民族自決」とはどのような考え方か，簡単に書きなさい。

（　　　　）

(4) 「非暴力・不服従」をとなえて，イギリスへの抵抗運動を指導した人物はだれですか。

（　　　　）

ちょっとひといき　国際関係は国を棒人間に見たてて整理すると，わかりやすい！？

2 大正デモクラシーの時代

テストに出る！ ココが要点 解答 p.13

1 大正デモクラシー 教 p.230～p.231

▶ (❶　　　　　)…藩閥内閣の桂太郎内閣に反対する運動。

- 吉野作造…(❷　　　　　)をとなえる。
- 原敬…初めての本格的な(❸　　　　　)を組織。

▶ 1919年，ドイツで(❹　　　　　)が制定され，20歳以上の男女の普通選挙が認められる→日本でも普通選挙を求める動き。

- 1925年，加藤高明内閣で普通選挙法が成立。
  - ◇満25歳以上の男子すべてに選挙権をあたえる。

▶ 大正デモクラシー…大正時代に広まった民主主義を求める風潮。

▶ 欧米列強との協調路線…**パリ不戦条約**，**ロンドン海軍軍縮条約**。

2 社会運動の広がり 教 p.232～p.233

▶ 労働者や農民の運動が進展。社会主義の動きも活発化。

- 労働争議…賃金の引き上げを求める。
  - ◇1921年には日本労働総同盟が結成される。
- (❺　　　　　)…地主に小作料の減額を求める。
  - ◇1922年，日本農民組合が結成される。

▶ 第一次世界大戦後，さまざまな差別からの解放運動が広がる。

- 新婦人協会…(❻　　　　　)，市川房枝らが設立。
- (❼　　　　　)…1922年，被差別部落の人々が結成。
- 在日本朝鮮労働総同盟(1925年)，北海道アイヌ協会(1930年)。

▶ (❽　　　　　)…普通選挙法と同年に，共産主義運動をおさえるため制定→社会運動全般を制約するようになる。

3 都市化の進展と大衆文化 教 p.234～p.236

▶ 都市…電気・ガス・水道。生活様式の洋風化。デパートなど。

▶ 関東大震災…1923年9月に起こり，東京や横浜に大被害。

▶ 資本主義の発達にともない，文化などを**大衆**に向けて大量生産。

- (❾　　　　　)放送(1925年開始)，映画(トーキー)。
- 新聞・雑誌の読者が増加。　●文学書・学術書の大衆化。
- 芥川龍之介，武者小路実篤，谷崎潤一郎らの文学が人気を得る。
- **プロレタリア文学**…小林多喜二が労働者や農民の貧困をえがく。
- 大衆文学…吉川英治，江戸川乱歩ら。

❶**護憲運動**
運動により桂内閣は総辞職。1924年に2度目の運動が起こる。

❷**民本主義**
吉野作造がとなえる。政党内閣の確立と参政権の拡大を主張。

❸**政党内閣**
原内閣のように議会の多数派の政党員で構成する内閣。

❹**ワイマール憲法**
欧米で，デモクラシーの風潮が強まり，制定されたドイツの憲法。

❺**小作争議**
小作人が地主に納める小作料は，小作人の支出の多くを占めた。

❻**平塚らいてう**
市川房枝らと女性の選挙権を求める運動を起こした。

❼**全国水平社**
人間としての平等を求めて結成。

❽**治安維持法**
1925年制定。社会運動全般をとりしまるようになる。

❾**ラジオ**
歌謡曲や野球中継を放送。

ココが要点の答えになります。

テストに出る！
予想問題　2 大正デモクラシーの時代

30分　/100点

1 次の文を読んで，あとの問いに答えなさい。　7点×11〔77点〕

1912年，桂太郎が三度目の藩閥内閣を組閣すると，議会中心の政治を求める(A)が起こった。(B)は，民本主義をとなえて a政党内閣の確立を主張した。1919年にドイツでは(C)が制定され，日本でも(D)の実現を求める運動が広がった。1925年，憲政会の(E)内閣のとき，b新しい選挙法が制定された。政党内閣の時代には，協調路線がしかれ，1928年にパリ不戦条約，1930年に(F)条約が結ばれた。

(1) 文中のA～Fにあてはまる語句や人物名をそれぞれ書きなさい。

A(　　)　B(　　)　C(　　)
D(　　)　E(　　)　F(　　)

(2) 下線部aの内閣を，1918年に本格的に成立させた人物はだれですか。
(　　)

(3) 下線部bの内容を，次から選びなさい。(　　)

ア 満20歳以上の男女に選挙権をあたえる。
イ 直接国税3円以上を納める満25歳以上の男子に選挙権をあたえる。
ウ 満25歳以上のすべての男子に選挙権をあたえる。

よく出る (4) 下線部bの制定と同じ年に，共産主義をとりしまるために制定された法律を何といいますか。(　　)

(5) 下線部bの背景には，社会運動の発展がありました。平塚らいてう(ちょう)や市川房枝らが1920年に設立した組織を何といいますか。(　　)

(6) 文にあるような，大正時代に展開した，民主主義を求める風潮を何といいますか。
(　　)

2 大正時代の生活や文化について，次の問いに答えなさい。　(1)8点，他5点×3〔23点〕

(1) 大正時代の生活にあてはまるものを，次からすべて選びなさい。(　　)

ア 都市部で，電気や水道，ガスが普及した。　イ 太陽暦が採用された。
ウ 富裕層に向けて，文学書が刊行された。　エ ラジオ放送が開始された。

(2) 1923年に起こった災害を何といいますか。(　　)

(3) 小林多喜二などの，労働者や農民の貧困をえがく文学を何といいますか。
(　　)

(4) 『鼻』や『羅生門』などの作品を著した作家はだれですか。(　　)

ちょっとひといき　スマホ・マンガ・ゲームは勉強している部屋から遠い場所に封印しよう！

3 世界恐慌と日本

テストに出る！ **ココが要点** 解答 p.14

1 世界恐慌と各国の対応

教 p.238〜p.239

▶ (❶　　　　　　)…1929年，ニューヨークで株価が大暴落→アメリカが経済危機におちいり，影響が各国に広まる。

- ●計画経済を進めるソ連は影響を受けず。
  - ◇スターリンによる重工業中心の工業化と農業の集団化が進む。

▶ (❷　　　　　　)…民主主義を否定する独裁政治。

- ●ドイツ…(❸　　　　　　)率いる**ナチ党**の独裁体制。
  - ◇生活苦の原因を(❹　　　　　　)に求め，支持を得る。
- ●イタリア…(❺　　　　　　)の**ファシスト党**が独裁体制。
- ●フランス・スペイン…ファシズム反対派による民主的な政府。

▶ 恐慌に対する各国の対策

- ●アメリカ…**ルーズベルト大統領**による(❻　　　　　　)(新規まき直し)**政策**
  - ◇大規模な公共事業で失業者を救済。社会保障制度も整備。
- ●イギリス・フランス…(❼　　　　　　)**政策**を実施。

2 日本の恐慌と東アジア情勢

教 p.240〜p.241

▶ 日本の経済…不景気が続き，1927年に(❽　　　　　　)が発生→1930年には世界恐慌の影響を受け，かつてない落ちこみ。

- ●都市…企業の倒産が相次いで失業者が急増。
- ●農村…米とまゆの価格が低迷し，農業経営が危機に。
- ●労働争議や小作争議が多発。　●共産党への徹底的な弾圧。

▶ 中国…政治的な分裂から，統一をめざす動き。

- ●(❾　　　　　　)…孫文の死後，国民党(国民政府)の指導者になる。政府を南京に移し，北京に軍をすすめる。
- ●日本政府は現地の日本人保護を名目に山東省に出兵。
  →現地の日本軍(**関東軍**)が軍閥の指導者を列車ごと爆破。
- ●排日気運，列強の権益返還を求める動きが高まる。

▶ 軍縮政策や中国政策をめぐる対立。

- ●政党政治・国際協調⇔軍部による政治・軍事力発動。
- ●海軍内の強硬派や国粋主義者が，ロンドン海軍軍縮条約に調印した政府を攻撃→(❿　　　　　　)首相が狙撃される。

❶**世界恐慌**
アメリカから世界中に広まった不景気。

❷**ファシズム**
軍国主義的な独裁政治。

❸**ヒトラー**
ドイツの政治家。ナチ党の党首。

❹**ユダヤ人**
ユダヤ教を信じる人々。ナチ党に迫害される。

❺**ムッソリーニ**
イタリアの政治家。ファシスト党を創設。

❻**ニューディール政策**
アメリカの景気回復のための政策。

❼**ブロック経済政策**
植民地との貿易を拡大する一方，他国の商品をしめ出す政策。

❽**金融恐慌**
関東大震災の影響も受け，銀行の休業や倒産が続出。

❾**蔣介石**
中国国民党の指導者。南京に国民政府樹立。

❿**浜口雄幸**
軍部などの反対をおしきり，ロンドン海軍軍縮条約を結んだ首相。

ココが要点の答えになります。

3 日本の進路を変えた満州事変

教 p.242〜p.243

▶ (⓫　　　　　　)…1931年，満州の日本軍(関東軍)が南満州鉄道の線路を爆破→これを中国側の行動として出兵し，満州全土を占領。

- 清の皇帝・**溥儀**を元首として「(⓬　　　　　)」を建国。

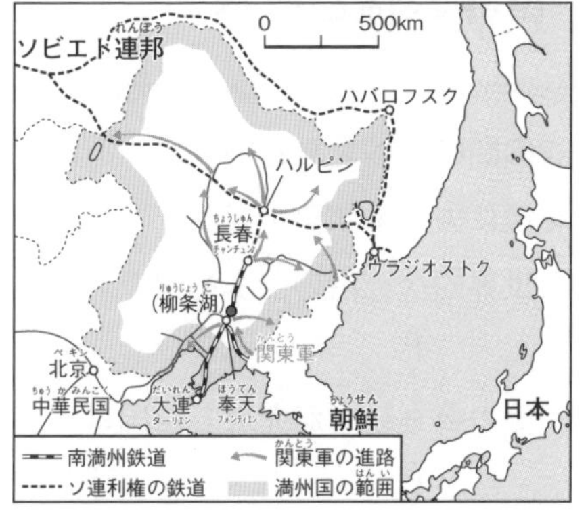

▶ 中国の訴えを受けた国際連盟は，調査の結果，満州国の不承認と日本軍の引きあげを勧告。

- 1933年，日本は国際連盟からの脱退を通告。
- 翌年，ワシントン会議での軍縮条約も破棄→国際社会から孤立。

▶ (⓭　　　　　　)…1932年，海軍の青年将校らが**犬養毅**首相を官邸で殺害→政党内閣の時代が終わる。

▶ (⓮　　　　　　)…1936年，陸軍の青年将校が，大臣などを殺害し，東京の中心地を占拠→軍部の政治的な発言力が強まる。

4 日中全面戦争と戦時体制

教 p.244〜p.245

▶ 中国…蔣介石率いる国民党(国民政府)が，(⓯　　　　　　)率いる共産党を敵視し，内戦が続く。

▶ (⓰　　　　　　)…1937年，北京郊外の盧溝橋で日本軍と中国軍が衝突→宣戦布告のないまま戦争状態に突入。

- 中国の国民政府は，共産党と抗日民族統一戦線を成立させ，日本軍と戦う。
- 日本軍は首都・南京で多数の住民を殺害(南京事件)。

▶ (⓱　　　　　　)…1938年に制定。議会の承認なしに，資源と国民を戦争に動員することが可能になる。

- 米や衣料品などは**配給制**や**切符制**。
- 国民統制のため，町や村には**隣組**を組織。

▶ (⓲　　　　　　)…政党や政治団体が解散して組織。

- 小学校を国民学校と改め，軍国主義的な教育を実施。

▶ (⓳　　　　　　)…朝鮮や台湾で行われた政策。

- 住民を神社に参拝させる。
- 姓名を日本風に改めさせる(創氏改名)。

満点ミッション

⓫**満州事変**
関東軍が南満州鉄道の線路を爆破したことをきっかけに軍事行動を開始。

⓬**満州国**
溥儀を元首としてつくられた国。

⓭**五・一五事件**
海軍将校らが犬養毅首相を暗殺した事件。

⓮**二・二六事件**
陸軍将校が大臣などを暗殺した事件。

⓯**毛沢東**
中国の共産党の指導者。

⓰**日中戦争**
北京郊外の盧溝橋で起こった事件をきっかけに始まった戦争。

⓱**国家総動員法**
資源と国民を戦争に動員することができるようにした法律。

⓲**大政翼賛会**
ほとんどの政党が解散して合流した組織。

⓳**皇民化政策**
朝鮮や台湾で行われた日本への同化政策。

テストに出る！
予想問題　3　世界恐慌と日本

30分　/100点

1 右のグラフを見て，次の問いに答えなさい。　5点×5〔25点〕

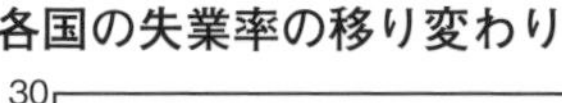

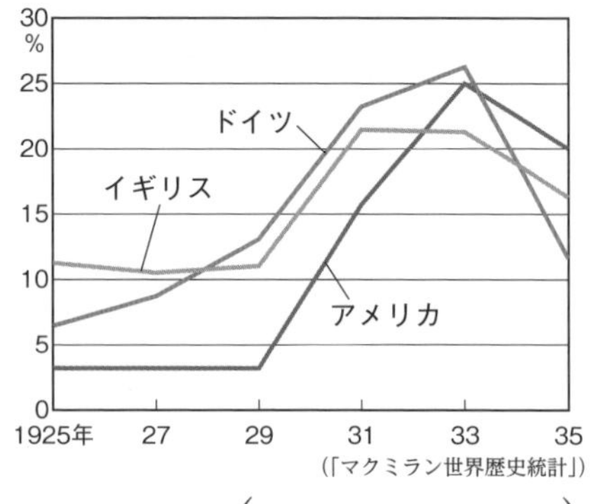

（「マクミラン世界歴史統計」）

(1)　グラフでは1929年を境に失業率が急上昇しています。その原因となった世界的な経済の混乱を何といいますか。（　　　　　）

(2)　(1)の影響を受けず，その後も経済が発展した国はどこですか。（　　　　　）

(3)　グラフ中のアメリカでは，積極的に公共事業をおこして失業者に仕事を与えるなどの政策が行われました。次の問いに答えなさい。

よく出る ①　この政策を何といいますか。（　　　　　）

②　この政策を推し進めた大統領を，次から選びなさい。（　　）

ア　ウィルソン　　イ　ルーズベルト　　ウ　スターリン　　エ　リンカーン

よく出る (4)　グラフ中のイギリスやフランスでは，植民地との貿易を拡大する一方，それ以外の国の商品に対しては，高い関税を課してしめ出す政策をとりました。この政策を何といいますか。（　　　　　）

2 次の文を読んで，あとの問いに答えなさい。　3点×6〔18点〕

> イタリアでは，ムッソリーニが率いる（　A　）が1922年に政権をにぎって独裁政治を行った。ドイツでは，ヒトラーが率いる（　B　）が1933年に政権をにぎると，国際条約を無視して再軍備を宣言し軍備拡張を強行した。

よく出る (1)　文中のA・Bにあてはまる語句を答えなさい。

A（　　　　　）　B（　　　　　）

(2)　下線部のヒトラーはドイツ民族の人種的優秀性を説き，ある民族の人々を迫害しました。この迫害された人々を何といいますか。（　　　　　）

(3)　文中に述べられているような，イタリアやドイツで行われた，民主主義や自由主義を否定する独裁政治を何といいますか。（　　　　　）

(4)　(3)の反対派が選挙で勝利し，民主的な政府をつくった国を，［　］から2つ選びなさい。

（　　　　　）（　　　　　）

スペイン　　イギリス　　ポルトガル　　フランス

ちょっとひといき　人物の写真を見て，名前と何をした人か答えられるようにすると万全！

3 右の年表を見て，次の問いに答えなさい。

4点×8〔32点〕

年代	できごと
1927	a 国民政府を南京に移す
1931	b 日本軍が南満州鉄道の線路を爆破する
1932	（ A ）が起こる
1936	（ B ）が起こる

(1) 下線部aを行った国民党の指導者を，次から選びなさい。（　　）

ア 毛沢東　イ 孫文　ウ 蔣介石

(2) 下線部bについて，次の問いに答えなさい。

① このできごとから始まる日本軍の一連の軍事行動を何といいますか。（　　）

② この翌年，中国東北部につくられた国を何といいますか。（　　）

記述 ③ 国際連盟で②の国が承認されなかったことから，日本はどのような行動をとりましたか。「国際連盟」という語句を使って書きなさい。

（　　）

(3) 年表中のAには，当時の首相が海軍の青年将校らに殺害された事件があてはまります。これについて，次の問いに答えなさい。

① この事件を何といいますか。（　　）

② このとき殺害された首相はだれですか。（　　）

(4) 年表中のBには，陸軍の青年将校が大臣などを殺害した事件があてはまります。これについて，次の問いに答えなさい。

① この事件を何といいますか。（　　）

記述 ② この事件が日本の政治にあたえた影響を，「軍部」という語句を使って書きなさい。

（　　）

4 次の文を読んで，あとの問いに答えなさい。

5点×5〔25点〕

1937年7月，a 北京郊外の盧溝橋で日本軍と中国軍が衝突する事件が起こり，これをきっかけに b 両国は本格的な戦争状態に突入した。中国の国民政府と共産党は（ A ）を結成して対抗したが，日本軍は戦線を広げ，12月に首都・c 南京を占領した。

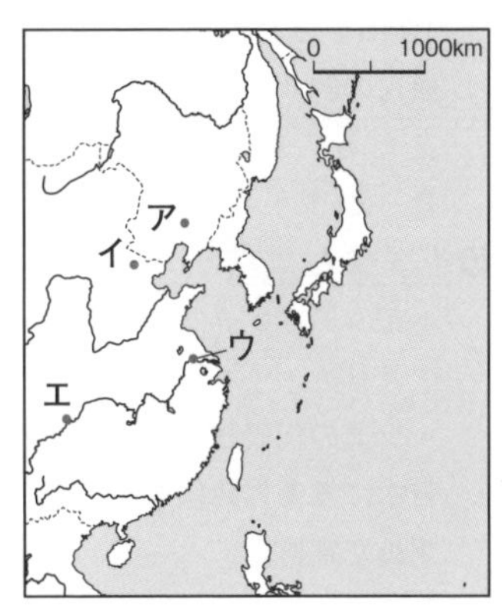

(1) 文中の下線部a・cの位置を，右の地図中のア～エからそれぞれ選びなさい。 a（　　） c（　　）

(2) Aにあてはまる語句を答えなさい。（　　）

(3) 下線部bの戦争が長期化したため，1938年に制定され，資源と国民を議会の承認なしで戦争に動員できるようにした法律を何といいますか。（　　）

(4) ほとんどの政党や政治団体が解散し，まとめられた組織を何といいますか。（　　）

4 第二次世界大戦と日本

テストに出る！ ココが要点

解答 p.15

1 第二次世界大戦の始まり
教 p.246～p.247

- ドイツの領土拡大…イギリスやフランスは戦争回避のため容認。
  - ●1939年，ドイツとソ連が**独ソ不可侵条約**を結ぶ。
  - ●ドイツがポーランドに侵攻→イギリス・フランスがドイツに宣戦し，(❶　　　　　　)が始まる。
- ドイツの過酷な占領政策。ユダヤ人を強制収容所に連行。
  →ドイツの支配への抵抗運動((❷　　　　　　))が起こる。
- 日本はドイツ・イタリアと(❸　　　　　　)を結ぶ。
- アメリカ・イギリスが(❹　　　　　　)発表。ソ連を支援。

枢軸国	対立	連合国
ドイツ・イタリア・日本		アメリカ・イギリス・ソ連など

2 アジア・太平洋での戦争
教 p.248～p.249

- 日本の東南アジア進出…アメリカなどが中国を支援するルートを断ち切ることと，資源の獲得が目的。
  - ●ソ連と(❺　　　　　　)→フランス領インドシナに進軍。
  - ●アメリカ・イギリス・オランダが石油の対日輸出を禁止。
- **東条英機**内閣がアメリカとの開戦を決定。
- **太平洋戦争**…1941年，ハワイの(❻　　　　　　)にあるアメリカ海軍基地を奇襲攻撃。同時にイギリス領マレー半島に上陸。
  - ●東南アジアに向けて，「**大東亜共栄圏**」の形成を宣伝。

3 戦時下の国民の生活
教 p.250～p.251

- **ミッドウェー海戦**での敗北→連合国軍の反撃が始まる。
  - ●動員強化…**学徒出陣**・**勤労動員**・朝鮮や台湾からも徴兵。
- 本土への空襲→子どもたちの(❼　　　　　　)。
- (❽　　　　　　)…1945年3月アメリカ軍が沖縄に上陸。

4 第二次世界大戦の終結
教 p.252～p.253

- アメリカ・イギリス・ソ連の首脳が会談(ヤルタ会談)。
  - ●ソ連の対日参戦決定。　●(❾　　　　　　)発表。
- **原子爆弾**投下…1945年8月6日に広島，9日に長崎。
- 8月9日～，ソ連が満州などに侵攻→日本兵がシベリアに抑留。
- 8月14日，ポツダム宣言受諾→15日，昭和天皇のラジオ放送。

❶**第二次世界大戦**
1939年に始まった，ヨーロッパや，アジアを巻きこむ世界規模の戦争。

❷**レジスタンス**
ドイツの作戦を妨害したり，ドイツ軍と戦ったりした。

❸**日独伊三国同盟**
三国間の軍事同盟。

❹**大西洋憲章**
ファシズムの打倒を宣言する。

❺**日ソ中立条約**
1941年に結んだ条約。日本は北方の安全を確保した。

❻**真珠湾**
1941年，日本が奇襲攻撃をかけたアメリカ軍の基地があった湾。

❼**学童疎開**
都市部の子どもたちが親元をはなれて集団生活をしたこと。

❽**沖縄戦**
1945年3月～6月。県民の約4分の1にあたる人が犠牲となった。

❾**ポツダム宣言**
ドイツのポツダムでアメリカ・イギリス・ソ連の代表が会談。日本に無条件降伏を求めた宣言。

ココが要点の答えになります。

テストに出る！ 予想問題

4 第二次世界大戦と日本

30分　/100点

1 次の文を読んで，あとの問いに答えなさい。　5点×9〔45点〕

ドイツは領土拡大を進めた。ドイツが1939年にソ連と(A)を結び，9月に(B)に侵攻すると，イギリスと(C)が宣戦し，第二次世界大戦が始まった。1940年6月には(C)を降伏させた。ドイツは(D)を迫害し，強制収容所に連行した。a日本はドイツ・(E)と軍事同盟を結んだ。中立の立場にあったb(F)は，イギリスとともに「大西洋憲章」を発表した。

(1) 文中のA～Fにあてはまる語句や国名を書きなさい。

A(　　　)　B(　　　)　C(　　　)
D(　　　)　E(　　　)　F(　　　)

よく出る (2) 下線部aの同盟を何といいますか。(　　　)

(3) 下線部aを結んだ3国を何とよびましたか。(　　　)

(4) (3)に対し，下線部bを発表した陣営を何とよびましたか。(　　　)

2 右の年表を見て，次の問いに答えなさい。　(2)7点，6点×8〔55点〕

年代	できごと
1940	日本がaインドシナ北部に進軍
1941	日本がソ連と(A)を結ぶ
	日本がbハワイの真珠湾を攻撃
1942	初めは勝利を重ねていた日本が(B)で敗北
1945	アメリカ軍が東京など各地に(C)を行う
(3月)	沖縄戦が起こる
(8月)	c原子爆弾が落とされる
	日本がポツダム宣言を受諾

(1) 年表中のA～Cにあてはまる語句を書きなさい。

A(　　　)
B(　　　)
C(　　　)

記述 (2) 下線部aのように日本が東南アジアへ進出したのは，アメリカなどの中国への援助をはばむほかに，何を目的としていましたか。簡単に書きなさい。

(　　　)

(3) 下線部bから始まった戦争を何といいますか。

(　　　)

(4) (3)のさなかに日本が宣伝した，欧米の支配を脱して日本の指導のもとでアジアが栄えようという考えを，何といいますか。(　　　)

(5) (3)で，兵役が猶予されていた大学生も戦場へ送られたことを何といいますか。

(　　　)

(6) 下線部cの被害を受けた都市を2つ書きなさい。

(　　　)(　　　)

ちょっとひといき　頭の中で考えて混乱したら，どんどん図をかいて考えよう！

教科書 p.264～p.273

第6編 現代の日本と世界

1 平和と民主化

テストに出る！ **ココが要点** 解答 p.15

1 占領と改革の始まり

教 p.264～p.265

- （❶　　　　　　）(GHQ)…マッカーサーが最高司令官。
  - 日本の非軍事化・民主化をめざす。
  - （❷　　　　　　）(東京裁判)…戦争指導者を裁く。
  - 五大改革…言論の自由・女性参政権・労働組合の奨励など。
- 日本の領土…本州・北海道・九州・四国と周辺の小島。
  - 沖縄と奄美群島，小笠原諸島…アメリカが直接統治。
  - 南樺太・千島列島…ソ連が占領。
- 朝鮮…北緯38度を境に，北側をソ連，南側をアメリカが占領。
- シベリアに抑留された軍人，中国残留日本人孤児などの問題。

2 平和で民主的な国家をめざして

教 p.266～p.267

- （❸　　　　　　）…1946年11月３日公布，翌年５月３日施行。
  - 基本原則…(1)（❹　　　　　　）　(2)基本的人権の尊重　(3)（❺　　　　　　）(戦争の放棄)。
  - 国権の最高機関…国民の代表による国会。
  - 天皇…日本国と日本国民の象徴。
- 新憲法に基づく民主化の進展
  - 地方自治法施行…住民の権利や地方議会の権限強化。
  - （❻　　　　　　）制定…9年間の義務教育，男女共学。
  - 民法の改正…男女平等，兄弟姉妹の均分相続。
- 経済面での民主化
  - （❼　　　　　　）…日本経済を支配してきた企業を分割。
  - 労働者の権利の向上…労働者の団結を認めた労働組合法や労働条件の最低基準を定めた（❽　　　　　　）を制定。
  - （❾　　　　　　）…地主がもつ小作地を政府が強制的に買い上げ，小作人に安く売りわたす→農村の民主化。

3 終戦直後の社会と文化

教 p.268～p.269

- 経済・産業の混乱…闇市で食料を買い求め，農村部で物々交換。
- 日本社会党や日本自由党などが結成され，日本共産党が再建。
- 文化…歌謡曲やジャズが流行。大衆雑誌や教養書，娯楽映画。
- 日本人の国際的な活躍…湯川秀樹がノーベル賞受賞。

❶**連合国軍総司令部**
ポツダム宣言に基づき日本を占領した組織。

❷**極東国際軍事裁判**
日本の戦争責任者を裁く連合国の裁判。

❸**日本国憲法**
大日本帝国憲法を改正した憲法。

❹**国民主権**
国民が国の政治のあり方を決める権利をもつとする原則。

❺**平和主義**
戦争を放棄し戦力をもたないとする原則。

❻**教育基本法**
新しい教育の理念を示した法律。

❼**財閥解体**
三井，住友などを分割した改革。

❽**労働基準法**
労働条件の最低基準を定めた法律。

❾**農地改革**
農業の民主化のための改革。

ココが要点の答えになります。

教科書 p.264～p.273

4 第二次世界大戦後の世界

教 p.270～p.271

▶ (⑩　　　　　　)(国連(こくれん))…1945年に51か国が加盟(かめい)して成立した，世界平和の実現を目的とする国際組織。

●常任理事国…アメリカ・イギリス・フランス・ソ連・中国。

▶ 冷たい戦争(冷戦(れいせん))…直接戦争はしないものの，アメリカとソ連がはげしく対立する状態のこと。

資本主義陣営(西側)		社会主義陣営(東側)
◇アメリカ中心 ◇(⑪　　　　　　)(NATO(ナトー))	対立	◇ソ連中心 ◇ワルシャワ条約機構

▶ 冷戦の影響(えいきょう)

●中国…1949年，**毛沢東**率いる共産党が国民政府に勝利して(⑫　　　　　　)を建国→敗れた国民政府は台湾(たいわん)へ。

●朝鮮(ちょうせん)半島…南北に分断。

◇南部…アメリカの支援→大韓民国(だいかんみんこく)(韓国(かんこく))。

◇北部…ソ連の支援→朝鮮民主主義人民共和国(ちょうせんみんしゅしゅぎじんみんきょうわこく)(北朝鮮(きたちょうせん))。

◇1950年，朝鮮戦争(ちょうせんせんそう)が起こる→1953年に休戦協定。

5 国際社会への復帰と55年体制

教 p.272～p.273

▶ 占領政策(せんりょうせいさく)の転換(てんかん)…日本の経済(けいざい)復興と冷戦への対応を重視(じゅうし)。

●(⑬　　　　　　)…朝鮮戦争に伴い，アメリカが軍需(ぐんじゅ)物資などを日本に大量発注したことによる好景気→復興が加速。

●**警察(けいさつ)予備隊**を設置→1952年に保安隊，1954年に自衛隊(じえいたい)となる。

▶ 日本の独立

●(⑭　　　　　　)…1951年，吉田茂(よしだしげる)内閣が48か国とのあいだで結んだ条約→日本は独立を回復。

●(⑮　　　　　　)(日米安保条約(にちべいあんぽじょうやく))…アメリカの軍事基地が国内に残ることを日本が認(みと)めた条約。

●(⑯　　　　　　)…1956年，ソ連との国交が回復。
→日本の国際連合への加盟(かめい)が実現。

▶ 国内政治の動向

●1955年，**自由民主党(自民党)**が結成される。
→(⑰　　　　　　)…自由民主党(自民党)が政権(せいけん)を担当(たんとう)し，日本社会党(社会党)が野党第一党という状態(じょうたい)。

●安保条約改定…1960年に岸信介(きしのぶすけ)内閣が調印。

◇全国的な反対運動((⑱　　　　　　))が起こる。

満点ミッション

⑩国際連合(こくさいれんごう)
1945年に発足した国際平和のための組織。

⑪北大西洋条約機構
西側諸国(しょこく)の軍事同盟。

⑫中華人民共和国(ちゅうかじんみんきょうわこく)
1949年に毛沢東(もうたくとう/マオツォトン)によって建国された国。

⑬朝鮮特需(ちょうせんとくじゅ)
朝鮮戦争による好景気。

⑭サンフランシスコ平和条約(へいわじょうやく)
1951年に日本と連合国とのあいだで結ばれた講和条約。

⑮日米安全保障条約(にちべいあんぜんほしょうじょうやく)
1951年に日本とアメリカとのあいだで結ばれた条約。

⑯日ソ共同宣言(にっそきょうどうせんげん)
1956年に出された，日本とソ連のあいだでの戦争終結宣言。

⑰55年体制(ねんたいせい)
1955年から40年近く続いた2大政党による政治体制。

⑱安保闘争(あんぽとうそう)
新安保条約をめぐる反対運動。

テストに出る！

予想問題　1 平和と民主化

30分　/100点

1 次の文を読んで，あとの問いに答えなさい。　3点×14 (5)②は完答〔42点〕

1945年，aポツダム宣言に基づき，アメリカ軍を主力とする連合国軍が日本を占領した。(A)を最高司令官とするb連合国軍総司令部は，日本政府に指示を出し，c経済の改革やd政治の改革，e教育の改革など，さまざまな改革を進めた。

よく出る (1) 文中のAにあてはまる人物の名前を書きなさい。(　　)

(2) 下線部aのポツダム宣言の受諾により，アメリカが直接統治することになった地域を，次から2つ選びなさい。(　)(　)

ア 北海道　イ 沖縄　ウ 小笠原諸島　エ 千島列島

よく出る (3) 下線部bの略称を，アルファベット3字で書きなさい。(　　)

(4) 下線部cについて，次の問いに答えなさい。

① 日本の経済を支配していた大資本家の組織が解体された政策を何といいますか。(　　)

② 次のX・Yの法律をそれぞれ何といいますか。

X 労働条件の最低基準を定めた法律。(　　)

Y 労働者が団結することを認めた法律。(　　)

よく出る ③ 右の資料のような変化が起こったのは，何という政策がとられたためですか。(　　)

自作地と小作地の変化

年	自作地	小作地
1939年	53.9%	46.1
1949年	86.9%	13.1

(『日本農業基礎統計』)

(5) 下線部dの一つとして，大日本帝国憲法の改正が行われました。これについて次の問いに答えなさい。

① 改正された新しい憲法を何といいますか。(　　)

② ①の憲法が公布，施行された年月日を，次からそれぞれ選びなさい。

公布(　)　施行(　)

ア 1946年5月3日　イ 1946年11月3日

ウ 1947年5月3日　エ 1947年11月3日

よく出る ③ ①の憲法に定められた三つの基本原則をすべて書きなさい。(　)(　)(　)

(6) 下線部eの一つとして制定された，新しい教育の理念を示した法律を何といいますか。(　　)

ちょっとひといき　見てすぐに覚えられる人は少ない！ 問題を反復して身につけていこう！

2 右の地図を見て，次の問いに答えなさい。　5点×6〔30点〕

(1)　地図中の▒▒の5か国を安全保障理事会の常任理事国として，1945年に成立した国際組織を何といいますか。
(　　　　　　　)

よく出る (2)　(1)の成立後，地図中のAの国とBの国がはげしく対立するようになった状態を何といいますか。(　　　　　　　)

1946～55年ごろの世界

A　B　C　D　ア　イ　ウ　エ

(3)　(2)を背景に国土が東西に分断された国を，地図中のア～エから選びなさい。(　　　)

(4)　Bの国を中心とする西側諸国の軍事同盟を何といいますか。(　　　　　　　)

(5)　地図中のCの半島で，Aの国の支援を受けて独立した国の正式名称を書きなさい。
(　　　　　　　)

(6)　国民政府との内戦に勝利した共産党により，地図中のDに成立した国を何といいますか。
(　　　　　　　)

3 次の問いに答えなさい。　4点×7〔28点〕

(1)　右の資料を見て，次の問いに答えなさい。

①　資料は，日本の鉱工業の生産指数の推移を示しています。1950年ごろから生産指数が上昇している背景にある東アジアでの戦争を，何といいますか。(　　　　　　　)

②　①による好景気を何といいますか。

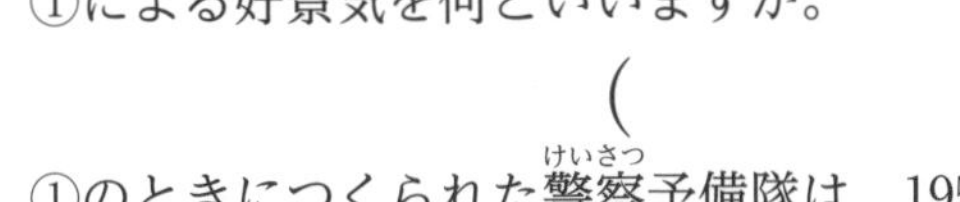

(　　　　　　　)

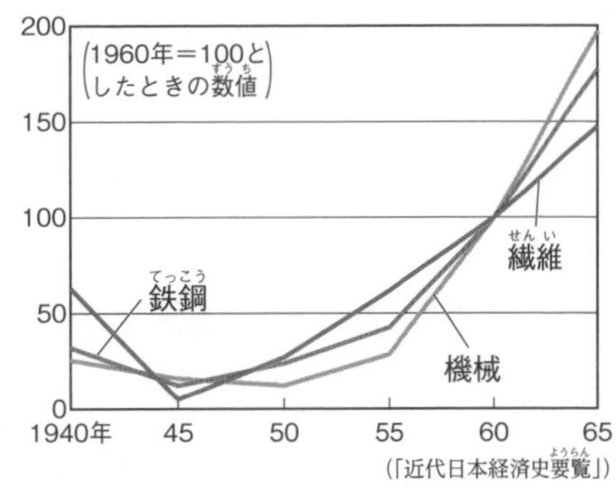

(「近代日本経済史要覧」)

③　①のときにつくられた警察予備隊は，1954年に何という組織になりましたか。
(　　　　　　　)

(2)　右の年表を見て，次の問いに答えなさい。

よく出る ①　下線部の条約を何といいますか。
(　　　　　　　)

②　①を結んだ日本の代表である人物を，次から選びなさい。(　　　)

ア　犬養毅　　イ　岸信介　　ウ　吉田茂　　エ　田中角栄

年代	できごと
1945	ポツダム宣言を受け入れる
1951	日本が48か国と平和条約を結ぶ
1956	(　A　)に調印する

よく出る ③　①の条約と同時に日本とアメリカが結んだ，アメリカ軍が日本国内に残ることを認めた条約を何といいますか。(　　　　　　　)

④　年表中のAにあてはまる語句を書きなさい。(　　　　　　　)

ちょっとひといき　年号が覚えられないときは，語呂合わせをつくってみよう！

2 冷戦下の世界と経済大国化する日本

テストに出る！ ココが要点

解答 p.16

1 東西対立と緊張緩和

教 p.274～p.275

▶ 冷戦下の緊張

- アメリカとソ連の軍備拡張…原爆や水爆，大陸間弾道ミサイルなど核兵器の開発を競い合う。
- 核兵器保有国が核実験をくり返す。
  ◇アメリカ・ソ連・イギリス・フランス・中国。
- アメリカの水爆実験…1954年にビキニ環礁で断行。
  ◇第五福竜丸が被ばく→日本国内では原水爆禁止運動が起こる。
- （❶　　　　　　）…ソ連がキューバにミサイル基地を建設し，米ソの緊張が高まる→核兵器の使用寸前にまでいたる。

▶ （❷　　　　　　）（バンドン会議）…1955年開催。29か国が冷戦下の緊張緩和や平和共存を主張し，植民地支配に反対。

- 脱植民地化→1960年は「アフリカの年」（17か国独立）。
- **南北問題**…先進工業国と発展途上国との格差の問題。

▶ 地域統合・協力…緊張緩和と多極化の時代へ。

- ヨーロッパ…**ヨーロッパ共同体**（（❸　　　　　　））。
- アフリカ統一機構（OAU），（❹　　　　　　）（**ASEAN**）。

2 冷戦下のアジアと日本

教 p.276～p.277

▶ ベトナム…南北に分かれて対立し，内戦が発生。

- 北ベトナム…中国とソ連が支援するベトナム民主共和国。
- 南ベトナム…アメリカが支援するベトナム共和国。
- （❺　　　　　　）…1965年，アメリカが地上軍を派遣し，北ベトナムに対し無差別爆撃を開始。
  →世界各国で反戦運動。1973年に撤退→ベトナム統一。

▶ 沖縄…1972年に日本に返還。広大な米軍基地が残される。

- 核兵器を「持たず，つくらず，持ちこませず」とする（❻　　　　　　）は沖縄にも適用。

▶ 国交正常化

- 韓国…1965年，（❼　　　　　　）を締結。
- 中国…田中角栄首相が1972年，（❽　　　　　　）に調印。
  →1978年，（❾　　　　　　）が結ばれ，交流が深まる。

❶**キューバ危機**
アメリカとソ連の，核兵器使用の危機が高まったできごと。

❷**アジア・アフリカ会議**
1955年に開かれた新興国による会議。

❸**EC**
1967年発足のヨーロッパの経済統合組織。

❹**東南アジア諸国連合**
東南アジア10か国加盟の地域協力組織。

❺**ベトナム戦争**
アメリカが内戦に介入し，無差別爆撃などを行った戦争。

❻**非核三原則**
佐藤栄作内閣のときに採択された，核に対する日本の基本政策。

❼**日韓基本条約**
日本と韓国が国交を正常化した条約。

❽**日中共同声明**
日本と中国の国交を正常化した声明。

❾**日中平和友好条約**
日本と中国の間で結ばれた平和条約。

ココが要点の答えになります。

3 高度経済成長

教 p.278～p.279

▶ (⑩　　　　　　)…1950年代中ごろから20年近く続いた高い経済成長。

- 政府が「所得倍増」の経済成長を促進する政策を実施。
- GNP(国民総生産)がアメリカに次いで世界第2位に。

▼家庭電化製品と自動車の普及

100%, 80, 60, 40, 20, 0
1960年 65 70 75 80 85 90
カラーテレビ
乗用車
電気洗濯機
エアコン
電気冷蔵庫
白黒テレビ
(内閣府資料ほか)

▶ 国民生活の変化

- 製品の普及…電化製品や自動車が家庭に広まる。
- 住居…都市近郊に，鉄筋コンクリート造の大規模団地。
- 交通の整備…名神高速道路や**東海道新幹線**の開通。
  - ◇1964年の(⑪　　　　　　　　)**東京大会**に合わせる。

▶ 経済成長による社会問題

- 大都市は人口が集中する**過密**状態となり，農村や山間部では人口が流出して**過疎化**が進む。
- 各地で(⑫　　　　　　)が発生。反対運動が全国に広まる。
  - ◇四大公害…水俣病・新潟水俣病・イタイイタイ病・四日市ぜんそく→1970年代，四大公害訴訟で原告が勝訴。
  - ◇1967年，(⑬　　　　　　)制定。
  - ◇1971年，(⑭　　　　　　)が発足→今の環境省。

4 経済大国となった日本

教 p.282～p.285

▶ 1973年，(⑮　　　　　　)により高度経済成長が終わる。
→不況を乗り切り，高い技術を背景に世界一の貿易黒字国に。

- (⑯　　　　　　)…1980年代後半から始まる好景気。
  - ◇地価や株価が経済の実力以上に高騰。

▶ 新興工業経済地域((⑰　　　　　　))…1970年代以降，急成長をとげた韓国・台湾・香港・シンガポールのこと。

▶ 日本とアジア諸国との経済的・文化的な交流が盛んになる。

▶ (⑱　　　　　　)の発達…世論や流行に影響を及ぼす。

- テレビコマーシャル・週刊誌・漫画雑誌や女性向け雑誌など。
- 漫画・アニメーション…世界中に多くのファンを獲得。
  - ◇漫画家の**手塚治虫**や映画監督の宮崎駿が活躍。

満点★ミッション

⑩**高度経済成長**
1950年代中ごろからの日本経済の急激な発展。

⑪**オリンピック・パラリンピック東京大会**
1964年に東京で開催されたスポーツの国際的祭典。

⑫**公害問題**
環境や人々の健康に被害が出る問題。大気汚染や水質汚濁など。

⑬**公害対策基本法**
公害を防止するための法律。

⑭**環境庁**
国の官庁で，現在は環境省。

⑮**石油危機**
石油価格の大幅な引き上げによる，世界経済の大きな混乱。

⑯**バブル経済**
1980年代後半からの，地価や株価が異常に高騰した好景気。

⑰**NIES**
経済が急成長をとげた国々のこと。

⑱**マスメディア**
新聞・雑誌，テレビ，ラジオなどのこと。

テストに出る！
予想問題　2 冷戦下の世界と経済大国化する日本

30分　/100点

1 右の年表を見て，次の問いに答えなさい。　10点×5〔50点〕

年代	できごと
1955	a アジア・アフリカ会議が開かれる
1964	（ A ）
1965	b 韓国との国交が正常化
1972	c 沖縄が返還される
	（ B ）に調印する

(1) 下線部aが開催された都市を，次から選びなさい。（　　）

ア バンコク　イ デリー

ウ バンドン　エ クアラルンプール

(2) 年表中のAにあてはまらないものを，次から選びなさい。（　　）

ア 東海道新幹線の開通　イ 東京国際空港の開港

ウ オリンピック・パラリンピック東京大会の開催

(3) 下線部bのときに結ばれた条約を何といいますか。（　　　　）

記述 (4) 下線部cの返還交渉にあたって適用された非核三原則とはどのような原則ですか。「核兵器を」という言葉に続く形で書きなさい。

核兵器を（　　　　）

よく出る (5) 年表中のBにあてはまる，日本と中国の国交が正常化された声明を何といいますか。

（　　　　）

2 次の文を読んで，あとの問いに答えなさい。　10点×5〔50点〕

1950年代中ごろから，日本はa世界に例をみないほどの経済発展をとげた。政府も「所得倍増」のスローガンをかかげるなど，経済成長を促進する政策をとったが，いっぽうで人口問題やb公害問題も発生した。また，1980年代後半には（ A ）とよばれる好景気が起こった。

よく出る (1) 下線部aについて，次の問いに答えなさい。

① この経済発展を何といいますか。（　　　　）

② 1973年に起こり，①が終わるきっかけとなったできごとを何といいますか。

（　　　　）

(2) 下線部bに対処することを目的とした，次の①・②にあてはまる語句を書きなさい。

① 1967年に制定された法律。（　　　　）

② 1971年に発足した国の省庁。（　　　　）

(3) 文中のAにあてはまる語句を答えなさい。

（　　　　）

ちょっとひといき　テスト勉強に苦しんだことも，いつの日かいい思い出になる！

3 グローバル化と日本の課題

テストに出る! ココが要点 解答 p.16

1 冷戦の終わりとグローバル化 教 p.286〜p.287

▶ 米ソの緊張緩和→東ヨーロッパ諸国の民主化運動を刺激。
- 共産党政権が次々とたおされ，ドイツで(❶　　　　　)が崩壊→米ソ首脳が冷戦終結を宣言。

▶ グローバル化…**多国籍企業**など国境をこえた活動が活発化。

▶ 冷戦終結後の紛争…国家や民族，宗教間の対立が表面化。
- **紛争やテロ**…一般の人々が犠牲に。**難民**も多数発生。
  - ◇湾岸戦争…クウェート侵攻をした**イラク**を多国籍軍が攻撃。
  - ◇同時多発テロ…2001年，アメリカで発生(テロリズム)。
    →アメリカやイギリスが**アフガニスタン**を攻撃。2003年にはイラク政権をたおす。

▶ 冷戦終結後の協調
- 主要国首脳会議((❷　　　　　))…毎年開催される。
- ヨーロッパ連合((❸　　　　　))…1993年成立。地域統合を進め，統一通貨**ユーロ**を導入。加盟国間の往来も自由に。
- **アジア太平洋経済協力会議**((❹　　　　　))…域内の経済活動と協力の促進を目的とする国際会議。

2 グローバル化のなかの日本 教 p.288〜p.289

▶ 1991年，バブル経済が終わる→長い不況。(「失われた20年」)

▶ 8党派の連立内閣成立…55年体制が終わる。
- 2009年，民主党に政権交代→2012年末，再び自民党政権へ。

▶ 安心・安全のゆらぎ
- (❺　　　　　)に対応し，すべての世代が安心できる，持続可能な社会保障制度が必要。
- (❻　　　　　)…1995年。「安全神話」がくずれる。
- (❼　　　　　)…2011年。地震と津波による大きな被害。

3 これからの世界と日本の課題 教 p.290〜p.291

▶ 国際(❽　　　　　)(**非政府組織**)が課題解決に取り組む。

▶ 地域紛争と日本…国連の平和維持活動((❾　　　　　))や多国籍軍に自衛隊を派遣。

▶ 人権の尊重…部落差別，**マイノリティ**(少数者)差別をなくす。

満点★ミッション

❶ベルリンの壁
冷戦の象徴とされた東西ドイツを分ける壁。

❷サミット
主要国首脳会議の別名。

❸EU
ヨーロッパ連合の略称。

❹APEC
アジア太平洋協力会議の略称。

❺少子高齢化
子どもの数が減り，65歳以上の人口の割合が増える現象。

❻阪神・淡路大震災
1995年に発生した地震による大災害。

❼東日本大震災
2011年に発生した地震による大災害。

❽NGO
人権・環境・平和などグローバルな課題に取り組む民間組織の略称。

❾PKO
国連が行う平和維持活動の略称。

ココが要点の答えになります。

解答 p.16

テストに出る！

予想問題　3 グローバル化と日本の課題

30分　/100点

1 右の地図を見て，次の問いに答えなさい。　8点×8〔64点〕

(1) 地図中のドイツについて，次の文中のX・Yにあてはまる語句を書きなさい。

X（　　　　）
Y（　　　　）

1989年に（ X ）の壁(かべ)が壊され，（ Y ）の終結が宣言(せんげん)された。

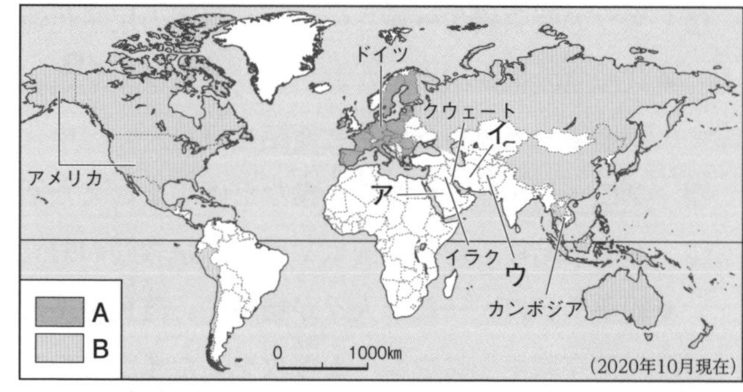

(2) 1991年に地図中のイラクがクウェートに侵攻(しんこう)したことから，多国籍軍(たこくせきぐん)がイラクを攻撃(こうげき)して始まった戦争を何といいますか。（　　　　）

(3) 2001年に地図中のアメリカで起こった同時多発テロに対し，アメリカやイギリスなどが対テロ戦争を掲(かか)げて攻撃した国を，地図中のア～ウから選びなさい。（　　）

よく出る (4) 地図中のアメリカなどが参加する主要国首脳会議をカタカナで何といいますか。（　　　　）

(5) 地図中のA・Bにあてはまる組織を，□からそれぞれ選びなさい。

A（　　　　）　B（　　　　）

EC　APEC　NATO　EU　ASEAN　WTO

(6) 1993年に地図中のカンボジアに自衛隊が派遣(はけん)されたのは，国連の何という活動を行うためですか。アルファベットで書きなさい。（　　　　）

2 右の年表を見て，次の問いに答えなさい。　9点×4〔36点〕

年代	できごと
1991	a バブル経済が終わる
1993	b 8党派(は)による連立内閣(ないかく)が成立する
2009	（ A ）を第1党とする連立内閣が成立する
2011	（ B ）が起こる

(1) 下線部aの後，長く続いた日本経済(けいざい)の不況(ふきょう)状態は何とよばれましたか。（　　　　）

(2) 下線部bにより終わった，自民党(とう)を与党，社会党を野党第1党とする体制を何といいますか。（　　　　）

(3) Aにあてはまる政党を何といいますか。（　　　　）

よく出る (4) Bにあてはまる，地震(じしん)による大きな被害(ひがい)を何といいますか。（　　　　）

ちょっとひといき　1冊最後までやりきってえらい！ おめでとう！

中間・期末の攻略本

取りはずして使えます！

解答と解説

日本文教版　社会歴史

p.2～p.3　ココが要点

❶B.C.　❷世紀
❸年号〔元号〕　❹猿人
❺直立二足歩行　❻打製
❼原人　❽新人
❾旧石器時代　❿磨製
⓫メソポタミア　⓬エジプト
⓭インダス　⓮甲骨
⓯始皇帝　⓰シルクロード
⓱ポリス　⓲シャカ
⓳イエス　⓴ムハンマド

p.4～p.5　予想問題

1 (1)①西暦　②3
(2)古代

2 (1)アフリカ
(2)直立二足歩行　(3)火
(4)新石器時代

3 (1)Aエジプト文明　Bメソポタミア文明
Cインダス文明
(2)aナイル川　bユーフラテス川
(3)A象形文字〔神聖文字〕
Bくさび形文字
(4)青銅器

4 (1)A殷　B秦　C漢〔前漢〕
(2)甲骨文字
(3)孔子
(4)万里の長城
(5)シルクロード〔絹の道〕

5 (1)ポリス
(2)共和政
(3)ウ

6 (1)Aキリスト教　B仏教
Cイスラム教
(2)aパレスチナ　bインド
cアラビア半島

解説

1 (1)②221年→２世紀と，まちがえないようにする。1～100年が１世紀である。

2 (1)猿人，原人，新人ともにアフリカで出現した。
(4)新石器とは**磨製石器**のこと。旧石器時代は，**打製石器**を使い，大型動物を狩り，移動しながらくらしていた。

3 古代文明は，流域に文明が発生した大河と，文明の特色を合わせておぼえる。
(3)B「くさび」は，V字形をした道具のこと。
Cのインダス文明ではインダス文字が使われた。

4 (1)中国の王朝の順番をしっかりおぼえる。殷→周→春秋戦国時代→秦→漢→三国時代…と続く。
(3)**儒教**は，三大宗教とともに重要な事項。

5 (2)ローマは，紀元前１世紀末からは皇帝が統治した。

6 (1)三大宗教は，「人の平等」を説いている点が共通している。
(2)エルサレムは，ユダヤ教の聖地でもある。

もひとつプラス

メソポタミア文明	ウルのジッグラト
エジプト文明	ピラミッド，スフィンクス
インダス文明	モヘンジョ=ダロ

練習しよう「殷」を攻略！

殷殷

ミス注意！ 磨製石器の「磨」の字を「暦」や「摩」とまちがえないようにしよう。

p.6 ココが要点

❶縄文　❷貝塚
❸竪穴住居　❹稲作
❺弥生　❻鉄器
❼卑弥呼　❽大王
❾渡来人　❿須恵器

p.7 予想問題

1 (1)A縄文時代　B鉄器
C弥生時代
(2)竪穴住居
(3)石包丁
(4)①邪馬台国
②魏
(5)〈例〉身分の差がある

2 (1)形　前方後円墳
古墳名　大仙〔仁徳陵〕古墳
(2)ヤマト王権
(3)大王
(4)仏教

解説

1 (1)A・Cその時代に使われていた土器の名称から，「縄文時代」「弥生時代」とよばれる。
(4)資料の「中国の古い歴史書」とは「魏志」のこと。
(5)資料中の「女王」「奴婢(奴隷)」の立場の違いに着目する。

2 (1)前方後円墳は，形の丸い「円墳」と四角い「方墳」が組み合わさっている。大仙古墳は全長約486mある。
(3)ヤマト王権の支配者は，国内では大王，中国からは倭王とよばれた。
(4)仏教の受け入れをめぐって，豪族のあいだに対立が生まれることになった。

もうひとつプラス 金属器

青銅器	主に祭りに使われる
鉄器	主に農具や武器に使われる

練習しよう 卑弥呼の「卑」と「弥」を攻略！

卑 弥

ミス注意！ 竪穴住居の「竪」の字を「堅」とまちがえないようにしよう。

p.8 ココが要点

❶隋　❷唐
❸律令　❹冠位十二階
❺十七条の憲法　❻遣隋使
❼法隆寺　❽大化の改新
❾公地公民　❿壬申の乱
⓫大宝律令

p.9 予想問題

1 (1)A聖徳太子〔厩戸皇子〕
B小野妹子
(2)ウ
(3)役人
(4)法隆寺
(5)長安

2 (1)A壬申の乱　B天武天皇
C律令国家
(2)中大兄皇子・中臣鎌足(順不同)
(3)〈例〉全国の土地と人民を国のものとする。

解説

1 (1)A推古天皇のおいである聖徳太子は蘇我氏(蘇我馬子)と協力して政治をすすめた。
(3)十七条の憲法は，「和を尊ぶこと」「仏教を信仰すること」「天皇の命令に従うこと」などを定めている。
(4)法隆寺は，斑鳩地方に建てられ，現在は世界遺産に登録されている。

2 (1)A・B天武天皇は天智天皇の弟。天智天皇の子と争い，壬申の乱が起こった。
(2)蘇我氏が天皇をしのぐ権力をにぎっていたことから，中大兄皇子らは天皇に政治の実権をとりもどそうとした。

もうひとつプラス

天武天皇の死後，皇后の持統天皇が中央集権国家の建設を引きつぎ，藤原京の建設，律令の整備を行った。

練習しよう 遣隋使の「隋」を攻略！

隋 隋

ミス注意！ 遣隋使と遣唐使の活躍した時代をおさえて，混同しないようにしよう。

p.10 ココが要点

❶平城京　❷朝廷
❸戸籍　❹口分田
❺租　❻天平文化
❼正倉院　❽東大寺
❾万葉集　❿風土記

p.11 予想問題

1
(1)A平城京　B市　C防人
(2)国　国司　郡　郡司
(3)班田収授
(4)D租　E調　F庸
(5)〈例〉新たに開墾した土地を，その者の私有地にできる。

2
(1)A聖武　B唐
(2)東大寺
(3)鑑真
(4)古事記・日本書紀(順不同)

解説

1 (2)国司には都の貴族が地方に派遣され，郡司には地元の豪族が任命された。
(3)**口分田**は6歳以上の男女に割り当てられた。
(4)租は6歳以上の男女にかかる。調と庸は成年男子にかかる。
(5)**墾田永年私財法**によって，貴族や寺社は私有地(のちの荘園)を広げた。

2 (2)聖武天皇は国ごとに国分寺・国分尼寺を建て，奈良にそれらの中心として**東大寺**を建てた。
(3)鑑真は**唐招提寺**を開いた。

もひとつプラス　農民の身分

人々は良と賤の身分に分けられ，賤のなかでも奴婢は奴隷としてあつかわれた。奴婢にも口分田は割り当てられたが，良よりも少なかった。

練習しよう　「庸」を攻略！

庸 庸

練習しよう　墾田永年私財法の「墾」を攻略！

墾 墾

ミス注意！　調は地方の特産物で，庸は麻の布。混同しないようにしよう。

p.12 ココが要点

❶平安京　❷征夷大将軍
❸最澄〔伝教大師〕　❹空海〔弘法大師〕
❺浄土信仰　❻摂政
❼藤原道長　❽かな文字
❾源氏物語　❿古今和歌集

p.13 予想問題

1
(1)A桓武　B坂上田村麻呂
(2)C延暦寺　D天台宗
E金剛峯寺　F真言宗
(3)①藤原頼通　②浄土信仰

2
(1)〈例〉天皇が幼いときには摂政，成人すると関白の職につき，政治の実権をにぎる政治。
(2)国風文化
(3)大和絵
(4)A源氏物語　B清少納言
C古今和歌集

解説

1 (2)これまでの仏教寺院と異なり，最澄や空海は都からはなれた山奥の場所に寺を建てた。
(3)①1053年，**藤原頼通**が，極楽浄土のようすをあらわそうと鳳凰堂を建てた。②**浄土信仰**は，極楽浄土への生まれ変わりを阿弥陀仏に祈る信仰。

2 (1)「摂政」と「関白」の語句を入れて答える。
(2)9世紀の終わりになると，唐がおとろえたために，遣唐使の派遣が停止された。そのため唐の文化をふまえながらも日本独自の文化が生まれた。
(3)A・Bかな文字を使って，女性による優れた文学も生まれた。

練習しよう　征夷大将軍の「征夷」を攻略！

征 夷

練習しよう　平等院鳳凰堂の「鳳凰」を攻略！

鳳 凰

ミス注意！　最澄と空海が広めた仏教の宗派，開いた寺院の名前と寺院がある山の名前を混同しないようにしよう。

第3編　中世の日本と世界

p.14　ココが要点

❶武士　❷平将門
❸藤原純友　❹源氏
❺奥州藤原氏　❻院政
❼荘園　❽僧兵
❾平清盛　❿日宋貿易

p.15　予想問題

1 (1)A藤原純友　B平将門
(2)源氏・平氏(順不同)
(3)源義家
(4)①奥州藤原氏　②平泉
③中尊寺金色堂

2 (1)〈例〉天皇が退位して上皇となってから行う政治。
(2)白河
(3)ア　(4)平治の乱
(5)平清盛　(6)日宋貿易

解説

1 (1)藤原純友は瀬戸内で，平将門は関東で反乱を起こした。
(4)奥州藤原氏は，金や馬といった特産物を売買して，富を築いた。

2 (6)宋との貿易で得られた利益は，平氏の政治の財源となった。

p.16～p.17　ココが要点

❶源頼朝　❷守護
❸地頭　❹鎌倉時代
❺御恩　❻承久の乱
❼御成敗式目　❽二毛作
❾商品作物　❿定期市
⓫琵琶法師　⓬新古今和歌集
⓭金剛力士像　⓮浄土宗
⓯時宗　⓰禅宗
⓱フビライ=ハン　⓲北条時宗
⓳元寇　⓴徳政令

p.18～19　予想問題

1 (1)A壇ノ浦　B征夷大将軍
C北条氏
(2)X御恩　Y奉公
(3)執権
(4)六波羅探題
(5)北条泰時

2 (1)A地頭　B商品作物　C定期市
(2)年貢
(3)イ

3 (1)平家物語
(2)方丈記
(3)金剛力士像
(4)ア
(5)禅宗
(6)①親鸞　②日蓮

4 (1)文永の役
(2)集団戦法
(3)元寇
(4)フビライ=ハン
(5)北条時宗
(6)〈例〉御家人は恩賞をもらえず，幕府への不満を高めていった。

解説

1 (1)A平氏は源氏によって西に追われ，現在の下関周辺でほろびた。

2 (3)イの木製の農具は，弥生時代から使われている。

3 (3)金剛力士像は，宋の様式を取り入れて建てられた南大門におかれた彫刻である。

4 (3)元は高麗を従えて，日本も服従させようと攻めてきた。
(6)外国である元との戦いは土地が増えたわけではなかったので，御家人に恩賞としてあたえる土地がなかった。

もひとつプラス　禅宗

鎌倉時代，多くの禅僧が中国から渡来し，禅宗の寺院では茶を飲む習慣がとり入れられた。

練習しよう　壇ノ浦の「壇」を攻略！

壇 壇

練習しよう　元寇の「寇」を攻略！

寇 寇

p.20～p.21 ココが要点

❶建武の新政　❷室町幕府
❸守護大名　❹足利義満
❺管領　❻明
❼倭寇　❽勘合貿易
❾ハングル　❿琉球王国
⓫座　⓬土倉
⓭問〔問丸〕　⓮惣
⓯応仁の乱　⓰一向一揆
⓱分国法　⓲書院造
⓳水墨画　⓴能〔能楽〕

p.22～p.23 予想問題

1 (1)A後醍醐天皇　B足利尊氏
(2)〈例〉公家を重視した政治が行われたため，武士の不満が高まったから。
(3)北朝　京都　南朝　吉野
(4)南北朝時代
(5)管領

2 (1)A明　B朝鮮　C琉球王国
D蝦夷地
(2)倭寇
(3)勘合貿易
(4)朱子学
(5)中継貿易
(6)アイヌ民族

3 (1)A惣　B町衆　C戦国大名
(2)イ
(3)海上　問
陸上　車借・馬借(順不同)
(4)c土一揆　d下剋上

4 (1)ウ
(2)①金閣　②足利義満　③北山文化
(3)書院造
(4)お伽草子

解説

1 (1)足利尊氏は鎌倉幕府の御家人だったが，後醍醐天皇が倒幕の兵をあげると，天皇に従った。
(2)後醍醐天皇は，天皇中心の政治をとりもどした。
(3)足利尊氏は京都で新しい天皇を立てた。
(5)管領には，細川氏など有力な守護大名が交代でついた。

2 (1)**A**明は漢民族がたてた国で，中国をそれまで支配していたモンゴル民族の元を北へと追いやった。**B**朝鮮は，李成桂が高麗をたおしてたてた国。朝鮮も日本に倭寇のとりしまりを求め，足利義満はこれに応じて貿易を行った。
(3)明は，朝貢してきた国とのあいだの貿易を認めて，倭寇のとりしまりのために民間の貿易を禁止していた。
(5)琉球王国は，明・日本・朝鮮・東南アジアの国々とのあいだをつなぐ貿易を行った。明や日本は，琉球王国を通して東南アジアの産物を手に入れた。

3 (2)座は特定の貴族や寺社と結びつき，税を納める代わりに特権を得た。
(3)運送業の発達により，商品が全国に運ばれるようになった。
(4)**c**農民(土民)の一致団結(一揆)した行動という意味を示す。

4 (1)**ア**室町時代に自治を進めた民衆が，豊かな文化をもつようになった。**イ**室町時代に発達した茶の湯や生け花，能などの芸能，年中行事や祭りなどが現代に受け継がれている。**ウ**平安時代の国風文化のことを述べている。
(2)③金閣は，京都の北山に建てられた。
(3)**書院造**は，現代の和室のもとになっている。

もひとつプラス 各地の特産物

紙	杉原(兵庫県)	絹	加賀(石川県)
陶器	瀬戸(愛知県)	太刀	備前(岡山県)

もひとつプラス 室町時代の文化

北山文化	足利義満の時代の文化　金閣
東山文化	足利義政の時代の文化　銀閣
民衆文化	京都の祇園祭，農村の盆踊り お伽草子など

練習しよう 後醍醐天皇の「醍醐」を攻略！

醍醐

練習しよう 勘合の「勘」を攻略！

勘勘

ミス注意！ 南朝－後醍醐天皇－吉野，北朝－足利尊氏－京都の組み合わせに気をつけよう。

第4編　近世の日本と世界

p.24～p.25　ココが要点

❶十字軍　❷ルネサンス
❸宗教改革　❹バスコ=ダ=ガマ
❺コロンブス　❻マゼラン
❼鉄砲　❽キリスト教
❾織田信長　❿長篠の戦い
⓫明智光秀　⓬安土桃山時代
⓭太閤検地　⓮刀狩
⓯兵農分離　⓰南蛮貿易
⓱朝鮮　⓲千利休
⓳出雲阿国

p.26～p.27　予想問題

1 (1)A十字軍　Bルター
(2)ウ
(3)Aコロンブス　Bバスコ＝ダ＝ガマ　Cマゼラン
(4)Xア　Yウ
(5)イエズス会

2 (1)A鉄砲　B室町幕府
(2)武田氏
(3)フランシスコ＝ザビエル
(4)ア

3 (1)太閤検地〔検地〕
(2)ます・ものさし(順不同)
(3)ウ
(4)刀狩令
(5)一揆
(6)〈例〉武士と百姓の身分がはっきり区別されるようになった。

4 (1)スペイン・ポルトガル(順不同)
(2)ウ
(3)狩野永徳
(4)わび茶
(5)三味線
(6)エ

解説

1 (1)**A**聖地エルサレムをとりもどすために派遣された。
(2)ルネサンスでは，十字軍の影響もあって，イスラム文化への関心も高まった。
(3)**A**コロンブスは，スペインから大西洋を西に向かって航海し，アメリカ大陸付近の西インド諸島に到達した。**B**バスコ=ダ=ガマは，ポルトガルからアフリカ南端の喜望峰を回って，インドに行く航路を開いた。**C**マゼランはスペインから西回りでアジアに向かい，部下たちが世界一周の航海を達成した。
(4)**X**スペインは中南米に広大な植民地を獲得した。**Y**ポルトガルはアジアの主要な港を貿易拠点とし，植民地を広げた。
(5)イエズス会は海外布教に力を入れ，日本にもキリスト教が伝わることになる。

2 (4)織田信長は，仏教勢力を排除しようとした延暦寺を焼き討ちにし，北陸や東海地方の一向一揆をおさえて一向宗の中心である石山本願寺を降伏させた。いっぽうで仏教徒の勢力をおさえようと，キリスト教を保護した。

3 (1)太閤検地では，田畑の面積をはかり，土地のよしあしを調べた。
(2)収穫高を，全国どこでも統一した大きさのますではかった。
(3)**ウ**公家や寺社は，荘園領主としての権利を否定されて，勢力を失った。
(4)資料2は，刀などの武具の所持を禁じる内容である。
(6)武士と百姓・町人は，住む場所も固定化された

4 (1)大航海の時代を経て，アジアへの進出を進めていた国である。
(2)**ア**仏教の影響を特徴とするのは，飛鳥文化や天平文化，室町時代の文化。**イ**は室町時代の東山文化にあたる。桃山文化は，大名や町衆の豊かな経済力を反映している。

もひとつプラス　ルネサンス

レオナルド＝ダ＝ビンチ	「モナ＝リザ」(絵画)
ミケランジェロ	ダビデ像(彫刻)

練習しよう　長篠の戦いの「篠」を攻略！

篠 篠

ミス注意!　「種子島」を「種ヶ島」とまちがえて書かないようにしよう。

p.28～p.29 ココが要点

❶徳川家康　❷関ヶ原の戦い
❸藩　❹参勤交代
❺朱印船貿易　❻日本町
❼徳川家光　❽鎖国
❾出島　❿琉球王国
⓫シャクシャイン　⓬対馬
⓭松前　⓮薩摩
⓯百姓　⓰年貢
⓱五人組　⓲職人

p.30～p.31 予想問題

1 (1)A関ヶ原の戦い
B大阪の陣
(2)ア
(3)①親藩　②外様(大名)
(4)武家諸法度
(5)徳川家光
(6)幕藩体制

2 (1)朱印船貿易
(2)島原・天草一揆
(3)オランダ・中国(順不同)
(4)〈例〉キリスト教を日本で広めるおそれがないから。

3 (1)A蝦夷地　B琉球王国
C朝鮮
(2)aアイヌ　b薩摩　c対馬
(3)シャクシャイン
(4)朝鮮通信使

4 (1)A百姓　B武士
C町人
(2)〈例〉名字(姓)を名のること。
(3)五人組
(4)a本百姓　b庄屋
c商人　d家持

解説

1 (2)ア全国のおよそ4分の1の土地を幕府領とした。
(3)幕府にとって都合がよいように，大名を配置した。
(5)参勤交代のきまりのこと。往復の大名行列や，江戸住まいにかかる費用が，藩の財政を圧迫した。

2 (1)朱印状という，海外渡航を許可する証明書を大名や商人にあたえて行った。江戸幕府の対外政策が，貿易奨励から，貿易制限へと変わっていったことをきちんとおさえる。
(2)キリスト教とりしまりへの反対と，年貢のきびしい取り立てへの抗議で，島原半島南部の原城跡に立てこもった。
(3)鎖国政策のなかでも，長崎での貿易を通じて，幕府は海外の情報を得ていた。
(4)中国はキリスト教国ではなく，オランダも布教につくしたカトリックではなく，プロテスタントの国であった。

3 (1)蝦夷地－現在の北海道，琉球王国－現在の沖縄県として，地図で場所を確認するとよい。A～Cとかかわった藩名も合わせておぼえる。

4 (1)百姓は，人口がもっとも多く，年貢を負担することから町人よりも重くみられた。
(2)ほかに刀を差すこと(帯刀)も武士の特権として認められた。
(4)百姓や町人のなかでも，細かく序列があった。

もひとつプラス

儒学者の雨森芳洲は，対馬藩につかえて，朝鮮語の通訳の学校をつくるなど，朝鮮との外交に努めた。

練習しよう 鎖国の「鎖」を攻略！

鎖 鎖

練習しよう 薩摩の「薩摩」を攻略！

薩 摩

練習しよう 蝦夷地の「蝦夷」を攻略！

蝦 夷

ミス注意！ 参勤交代の「参」を「三」などとまちがえないようにしよう。

ミス注意！ アイヌ民族による抵抗について，室町時代にあったコシャマインの蜂起と，江戸時代のシャクシャインの蜂起を混同しないようにしよう。

p.32 ココが要点

❶商品作物　❷五街道
❸蔵屋敷　❹元禄文化
❺浮世草子　❻近松門左衛門
❼俳諧　❽浮世絵
❾徳川綱吉　❿藩校

p.33 予想問題

1 (1)A新田開発　Bいわし　C金山
D石見
(2)A備中ぐわ　Aの特徴　ウ
B千歯こき　Bの特徴　イ
(3)三都
(4)菱垣廻船・樽廻船（順不同）

2 (1)〈例〉上方で栄えた町人中心の文化。
(2)①井原西鶴
②人形浄瑠璃
③浮世絵
(3)朱子学

解説

1 (1)どこでどのような漁業が盛んになったか，主な鉱山はどこか，整理するとよい。
(2)江戸時代の農業を発達させた農具については，よく問われる。農具の改良によって農作業の効率が良くなり，生産量は高まった。
(4)江戸時代には，五街道などの陸路だけでなく，海上や河川の交通も発達した。

2 (2)①浮世草子は，町人や武士のくらしをありのままにえがいた小説。②人形浄瑠璃は，三味線に語りをのせた浄瑠璃と，人形のしばいを組み合わせたもの。
(3)朱子学は，幕府の治世につごうがよい考え方だった。

もうひとつプラス　江戸時代前期の学問

徳川光圀	日本の歴史書『大日本史』
関孝和	日本式の数学　和算の確立
宮崎安貞	『農業全書』農業の発展につくす

練習しよう　人形浄瑠璃の「瑠」と「璃」を攻略！

瑠 璃

ミス注意！　元禄文化は，商業都市として栄えた大阪など，上方で発展した文化。

p.34 ココが要点

❶徳川吉宗　❷公事方御定書
❸株仲間　❹松平定信
❺問屋制家内工業　❻工場制手工業
❼百姓一揆　❽国学
❾解体新書　❿化政文化

p.35 予想問題

1 (1)A享保の改革
B寛政の改革
(2)aウ　bエ　cイ　dア

2 (1)A百姓一揆
B打ちこわし
(2)商品作物
(3)c

3 (1)本居宣長
(2)杉田玄白
(3)伊能忠敬
(4)十返舎一九
(5)喜多川歌麿
(6)瓦版

解説

1 (2)江戸時代の改革の順番と，その内容をきちんとおさえるとよい。

2 (2)菜種は油の原料，あいや紅花は染料となる。
(3)資料から，多くの女性が集まって，分業で布を織っているようすが読み取れる。

3 (5)化政文化の浮世絵で，美人画をえがいたのは喜多川歌麿。葛飾北斎や歌川広重は風景画で人気を集めた。

もうひとつプラス　江戸時代後期の学問

平賀源内	寒暖計や発電機の発明
安藤昌益	東北の医師。身分制社会の批判

練習しよう　蘭学の「蘭」を攻略！

蘭 蘭

ミス注意！　江戸時代前半に栄えた元禄文化と，化政文化の内容を混同しないようにしよう。元禄文化は上方，化政文化は江戸を中心として栄えた。

ミス注意！　喜多川歌麿の「麿」の字を「磨」や「麻呂」とまちがえないようにしよう。

第5編　近代の日本と世界

第1章　日本の近代化

p.36～p.37　ココが要点

❶プランテーション　❷工場制機械工業
❸資本主義　❹労働運動
❺社会主義　❻名誉革命
❼権利の章典　❽議会政治
❾啓蒙思想　❿独立宣言
⓫人権宣言　⓬ナポレオン
⓭市民革命　⓮南北戦争
⓯リンカーン　⓰インド大反乱
⓱アヘン戦争　⓲南京
⓳太平天国

p.38～p.39　予想問題

1　(1)A名誉革命　Bワット
(2)クロムウェル
(3)議会
(4)産業革命

2　(1)Aイギリス　B独立宣言
(2)ワシントン
(3)ルソー
(4)①人権宣言　②ナポレオン

3　(1)A南北戦争　B奴隷解放
Cドイツ帝国　Dインド大反乱
(2)リンカーン
(3)ビスマルク
(4)ア
(5)ムガル帝国

4　(1)アヘン戦争
(2)①三角貿易
②a綿織物　bアヘン　c茶
(3)A南京条約　B太平天国

解説

1　(1)A流血なしに革命を成功させたので，「名誉革命」とよばれる。
(2)下線部aはピューリタン革命とよばれる。クロムウェルが行った政治は安定せず，間もなく王政が復活した。
(4)機械や動力の発明や改良は，工業生産に大きな変化をもたらし，それは社会全体の変化となった。

2　(1)アメリカは独立前，イギリスの植民地だった。本国の議会に代表を出す権利が認められていない，重い税金がかけられているなどの政策に不満が高まっていた。
(3)啓蒙思想は，自由という人間の基本的な権利をうたっていた。
(4)①人権宣言は，自由・平等の権利を認め，国民が政治を行う権限をもつことをうたったものである。②ナポレオンは，フランス革命後，ヨーロッパ大陸の大部分を征服した。

3　(2)リンカーン大統領は奴隷制に反対し，南北戦争では奴隷解放宣言を発表して，北部を勝利に導いた。
(4)イギリスで産業革命が進行すると，インドから綿花を安く買い入れ，イギリスの工場で大量生産した綿織物をインドに輸出するようになった。そのため，「インドからイギリスへの輸出」は次第に低下した。
(5)インドは，イスラム教徒のムガル帝国が支配していた。インド大反乱を鎮圧したイギリスは反乱の責任を問い，ムガル帝国をほろぼした。

4　(1)清がアヘンの取りしまりをきびしくしたことがアヘン戦争の原因となった。
(2)三角貿易の図は重要である。インドでアヘンを栽培して清へ密輸し，イギリスは清から茶を，インドはイギリスから綿織物を輸入するという形の貿易であった。
(3)A南京条約は，清にとって不利な条約であった。B洪秀全は，満州族の清をたおして漢民族の国をつくろうと訴えて反乱を起こし，太平天国をつくった。

もひとつプラス　社会契約説

ホッブズ	王に絶対的な主権をたくす
ロック	王への抵抗を擁護する
ルソー	人民こそが主権者であるとする

練習しよう　奴隷の「奴隷」を攻略！

奴隷

ミス注意！　権利の章典，独立宣言，人権宣言がそれぞれ出された国，内容を混同しないようにしよう。

p.40 ココが要点

❶異国船打払令　❷大塩平八郎
❸水野忠邦　❹ペリー
❺日米和親条約　❻井伊直弼
❼尊王攘夷運動　❽徳川慶喜
❾王政復古の大号令　❿戊辰戦争

p.41 予想問題

1 (1)A大塩平八郎
B天保の改革
C日米修好通商条約
(2)ア
(3)ウ・カ
(4)X領事裁判権〔治外法権〕
Y関税自主権

2 (1)A井伊直弼　B徳川慶喜
(2)長州藩・薩摩藩(順不同)
(3)①大政奉還
②王政復古の大号令

解説

1 (1)大塩平八郎は元大阪町奉行所の役人で，天保のききんで苦しむ人々を救おうとして，乱を起こした。
(2)天保の改革では，株仲間を解散させ，物価の引き下げをはかった。株仲間を奨励したのは，田沼意次である。
(3)日米和親条約では，**ウ**の下田と**カ**の函館が開港された。**ア**長崎，**イ**兵庫，**エ**神奈川，**オ**新潟は日米修好通商条約で函館とともに開港された。
(4)日米修好通商条約の２つの不平等な内容についてはよく出題される。

2 (1)**A**井伊直弼は，朝廷の許可を得ずに日米修好通商条約を結んだ。これに反発した大名や公家などを安政の大獄で処罰したが，桜田門外の変で，水戸藩などの浪士たちに暗殺された。
(3)これにより，江戸幕府は終わりをつげた。

練習しよう 尊王攘夷の「攘夷」を攻略！

攘	夷						

ミス注意！ ペリーが来航した浦賀，日米和親条約で開港した下田，日米修好通商条約で開港した神奈川を混同しないようにしよう。

p.42～p.43 ココが要点

❶五箇条の御誓文　❷版籍奉還
❸廃藩置県　❹四民平等
❺解放令　❻富国強兵
❼官営模範工場　❽徴兵令
❾地租改正　❿福沢諭吉
⓫文明開化　⓬岩倉使節団
⓭日清修好条規　⓮日朝修好条規
⓯樺太・千島交換条約　⓰北海道
⓱沖縄県　⓲小笠原諸島

p.44～p.45 予想問題

1 (1)A東京　B解放令　C明治維新
(2)五箇条の御誓文
(3)ア
(4)県令
(5)①華族　②平民

2 (1)A鉄道　B徴兵令
(2)富岡製糸場
(3)殖産興業
(4)〈例〉政府の財政を安定させるため。

3 (1)A学制　B福沢諭吉　C中江兆民
(2)平等
(3)文明開化
(4)太陽暦

4 (1)A北海道　B沖縄
(2)開拓使
(3)〈例〉不平等な条約を改正すること。
(4)X樺太　Y千島列島
(5)Y
(6)イ

解説

1 (3)資料の五箇条の御誓文のなかに，「旧来の陋習ヲ破リ…」とあることに着目する。「陋習」は「悪い習慣」の意味。
(4)県令は，のちの県知事のこと。
(5)平民も名字(姓)を名のることになった。また，華族・士族・平民間の結婚も認められた。

2 (1)**A**経済の発展のために，交通を整備することが必要だった。1874年には，大阪・神戸間に鉄道が開通した。
(2)富岡製糸場は，現在の群馬県富岡市に建設された。

3 (1)C中江兆民は，フランス革命に影響をあたえた啓蒙思想家のルソーになぞらえて，「東洋のルソー」とよばれた。

(3)文明開化は，都市部で見られた風潮で，農村では，新しい生活様式はすぐには普及しなかった。

(4)太陽暦は，現在使われている，新暦ともよばれる暦。

4 (1)B政府は琉球へ軍隊を送り，強引に沖縄県を設置した。

(2)太政官は，明治政府が設置した，中央の機構。屯田兵は，北海道に配置され，土地を耕しながら兵士の役割も果たした職。

(3)岩倉具視を中心とした使節団が，欧米に派遣された。不平等条約の改正については失敗したが，欧米の制度や文化を学んだ。

(6)日朝修好条規は，日本が軍事的な圧力を背景に朝鮮に認めさせた，朝鮮に不利な条約だった。1871年に清と結んだ日清修好条規は，おたがいの対等な立場を認めた条約。

もひとつプラス

渋沢栄一	富岡製糸場や大阪紡績会社の設立にかかわる。近代産業の発展に貢献。
前島密	近代的な郵便制度をつくる。

練習しよう 徴兵令の「徴」を攻略！

徴 徴

練習しよう 樺太の「樺」を攻略！

樺 樺

ミス注意！ 版籍奉還の「版」の字を「藩」とまちがえないようにしよう。

ミス注意！ 殖産興業の「殖」の字を「植」とまちがえないようにしよう。

p.46 ココが要点

❶征韓論 ❷西南戦争
❸板垣退助 ❹国会期成同盟
❺自由党 ❻秩父事件
❼伊藤博文 ❽帝国議会
❾教育勅語 ❿藩閥政府

p.47 予想問題

1 (1)A民撰議院〔国会〕　B国会期成
C国会開設　D秩父
(2)板垣退助
(3)自由民権運動
(4)反乱名　西南戦争
指導者　西郷隆盛
(5)言論
(6)立憲改進党

2 (1)大日本帝国憲法
(2)ドイツ〔プロイセン〕
(3)A天皇　B帝国議会
(4)伊藤博文
(5)X 15　Y 25　Z男子

解説

1 (1)A民撰議院設立建白書は，明治政府に出された，国会開設を求める意見書である。B国会期成同盟は，大阪で結成された。

(6)同時期に板垣退助は自由党を結成した。

2 (2)ドイツ(プロイセン)憲法は君主権の強い憲法だったため，手本とされた。

(4)伊藤博文は，大日本帝国憲法の草案作りにも大きな役割を果たした。

(5)有権者は，当時の日本の人口の約1.1％にすぎなかった。

練習しよう 教育勅語の「勅」を攻略！

勅 勅

ミス注意！ 帝国議会は衆議院と貴族院で構成された。現在は衆議院と参議院であることと，混同しないようにしよう。

p.48～p.49 ココが要点

❶帝国主義 ❷植民地
❸陸奥宗光 ❹小村寿太郎
❺日清戦争 ❻甲午農民戦争
❼下関 ❽三国干渉
❾立憲政友会 ❿義和団事件
⓫日英同盟 ⓬日露戦争
⓭ポーツマス条約 ⓮韓国併合
⓯朝鮮総督府 ⓰三民主義
⓱辛亥革命 ⓲中華民国

p.50～p.51 予想問題

1 (1)欧化政策
(2)A陸奥宗光　B小村寿太郎
(3)ノルマントン号事件
(4)イギリス

2 (1)甲午農民戦争
(2)Aあ　Bい　Cう
(3)下関条約
(4)①三国干渉
②地名　遼東半島　位置　ウ

3 (1)義和団事件
(2)aフランス　bイギリス
cアメリカ
(3)与謝野晶子
(4)ア
(5)①ポーツマス条約　②アメリカ
③ウ

4 (1)A孫文　B中華民国
(2)①韓国併合　②朝鮮総督府
(3)辛亥革命

解説

1 (1)鹿鳴館は外国の高官たちを接待するために建てられたもので，舞踏会などが開かれた。
(4)イギリスは，ロシアの南下政策に対抗する目的もあって，日本との交渉に応じた。

2 (2)風刺画は，朝鮮(魚)をねらって日本と清が対立し，そのようすをロシアがうかがっているところをえがいている。
(4)三国干渉において，日本が清に返還したのは遼東半島である。

3 (1)清の国内で起きた義和団事件後，ロシアが清への影響力を強めたことから，日露戦争がおこった。
(4)イギリスとの日英同盟が成立したのは，日露戦争が起こる前の1902年である。
(5)③ポーツマス条約では日本は賠償金を得られなかったため，国民は政府を非難し，日比谷焼き打ち事件などが起こった。

4 (1)A孫文がとなえた三民主義は，民族主義，民権主義，民生主義の三つからなる。孫文は辛亥革命後，臨時大総統となった。
(2)①韓国併合によって，韓国は朝鮮と改められた。

もひとつプラス 日本海海戦

日露戦争における日本海海戦では，東郷平八郎の指揮する日本艦隊が，ロシア艦隊に勝利した。

練習しよう 遼東半島の「遼」を攻略！

遼 遼

練習しよう 袁世凱の「凱」を攻略！

凱 凱

ミス注意！ 領事裁判権(治外法権)の撤廃に成功したのは陸奥宗光，関税自主権の完全な回復に成功したのは小村寿太郎。混同しないようにしよう。

p.52 ココが要点

❶八幡製鉄所　❷財閥
❸社会民主党　❹大逆事件
❺田中正造　❻夏目漱石
❼樋口一葉　❽黒田清輝
❾野口英世

p.53 予想問題

1 (1)A軽工業　B重工業
C財閥　D小作人
(2)産業革命
(3)イ・エ(順不同)
(4)治安警察法
(5)足尾鉱毒事件
(6)青鞜社
(7)女性

2 (1)横山大観
(2)正岡子規
(3)北里柴三郎
(4)長岡半太郎
(5)野口英世

解説

1 (3)アの精密機械は欧米からの輸入にたよっていた。
(5)栃木県の足尾銅山は，製銅業の拠点の一つだった。

2 二葉亭四迷は言文一致体を確立。

第2章　二度の世界大戦と日本

p.54 ココが要点

❶ヨーロッパの火薬庫　❷サラエボ事件
❸総力戦
❹ソビエト社会主義共和国連邦
❺二十一か条の要求　❻米騒動
❼ベルサイユ条約　❽三・一独立運動
❾五・四運動　❿ワシントン会議

p.55 予想問題

1 (1)三国同盟　ドイツ・オーストリア・イタリア
三国協商　イギリス・フランス・ロシア
(2)地域名　バルカン半島　　場所　ウ
(3)オーストリア
(4)A第一次世界大戦
B二十一か条の要求
(5)日英同盟
(6)レーニン
(7)シベリア出兵

2 (1)パリ
(2)国際連盟
(3)〈例〉それぞれの民族が，自ら決める権利をもつという考え方。
(4)ガンディー

解説

1 (3)セルビアは，ロシアと同じスラブ民族。ロシアの支持のもと，オーストリアと対立を深めていた。
(5)日本はイギリスのいる三国協商側として参戦。
(7)シベリア出兵を見こした米の買い占めが行われるなどで米価が急上昇し，米騒動が起こることになった。

2 (2)国際連盟は，アメリカのウィルソン大統領の提案により設立された。アメリカは議会の反対で加盟しなかった。
(4)イギリスは，第一次世界大戦のとき，植民地のインドに自治の拡大を約束していた。

練習しよう 財閥の「閥」を攻略！

閥	閥						

ミス注意！ 三国協商を結んだ国と三国同盟を結んだ国を，混同しないようにしよう。

p.56 ココが要点

❶護憲運動　❷民本主義
❸政党内閣　❹ワイマール憲法
❺小作争議　❻平塚らいてう(ちょう)
❼全国水平社　❽治安維持法
❾ラジオ

p.57 予想問題

1 (1)A護憲運動
B吉野作造
Cワイマール憲法
D普通選挙
E加藤高明
Fロンドン海軍軍縮
(2)原敬
(3)ウ
(4)治安維持法
(5)新婦人協会
(6)大正デモクラシー

2 (1)ア・エ
(2)関東大震災
(3)プロレタリア文学
(4)芥川龍之介

解説

1 (2)原敬は，岩手県出身で，藩閥出身でも華族でもなかったことから「平民宰相」とよばれた。
(3)**ア**は第二次世界大戦後のこと。**イ**は原敬内閣のときに参政権を拡大した条件。
(4)普通選挙法と治安維持法はあわせておぼえる。

2 (1)**イ**は明治時代の文明開化のときのこと。**ウ**大正時代の文学書は，大衆に向けて刊行された。

もひとつプラス　軍備縮小のあゆみ

パリ不戦条約	1928年。国家の政策の手段として戦争を放棄する。
ロンドン海軍軍縮条約	1930年。補助艦の保有量の割合を各国が定める。

練習しよう 軍縮の「縮」を攻略！

縮	縮						

ミス注意！ ドイツのワイマール憲法では，男女に普通選挙が認められたが，日本の普通選挙法では，女性に選挙権がなかった。

p.58～p.59 ココが要点

❶世界恐慌　❷ファシズム
❸ヒトラー　❹ユダヤ人
❺ムッソリーニ　❻ニューディール
❼ブロック経済　❽金融恐慌
❾蔣介石　❿浜口雄幸
⓫満州事変　⓬満州国
⓭五・一五事件　⓮二・二六事件
⓯毛沢東　⓰日中戦争
⓱国家総動員法　⓲大政翼賛会
⓳皇民化政策

p.60～p.61 予想問題

1 (1)世界恐慌
(2)ソ連〔ソビエト連邦〕
(3)①ニューディール政策〔新規まき直し政策〕
②イ
(4)ブロック経済政策

2 (1)Aファシスト党　Bナチ党
(2)ユダヤ人
(3)ファシズム
(4)スペイン・フランス(順不同)

3 (1)ウ
(2)①満州事変
②満州国
③〈例〉国際連盟を脱退した。
(3)①五・一五事件
②犬養毅
(4)①二・二六事件
②〈例〉軍部の政治的な発言力が強まった。

4 (1)aイ　cウ
(2)抗日民族統一戦線
(3)国家総動員法
(4)大政翼賛会

解説

1 (1)世界恐慌は，1929年にアメリカのニューヨークで株価が大暴落したことをきっかけに世界に広がった深刻な不況のことをいう。銀行・企業の倒産や失業者が急増した。
(2)社会主義国のソ連は，スターリンの独裁政権が計画経済を進めていたため，世界恐慌の影響を受けなかった。
(3)②アのウィルソンは国際連盟を提唱した大統領，ウのスターリンはソ連の最高指導者，エのリンカーンは南北戦争時の大統領である。

2 (1)Aファシスト党はファシズムの語源となった。Bナチ党は，ベルサイユ条約の破棄を掲げて急成長し，ドイツ民族の人種的優秀性などをとき，国民に支持された。
(4)スペインではファシズム反対の政府に対して軍人が反乱を起こし，内戦となった。

3 (1)蔣介石はイの孫文の死後，国民党(国民政府)の指導者となった。アの毛沢東は共産党の指導者。
(2)②日本軍は，清朝最後の皇帝・溥儀を元首にして満州国を建てた。
③中国の訴えにより国際連盟が派遣した調査団は，一連の動きを日本の侵略とみなし，満州国の不承認や軍の引上げを決めた。これに対して日本は国際連盟から脱退したが，国際的な孤立を深めることになった。
(4)二・二六事件後，政治に対する軍の発言力が強まり，政府や国民は軍部に反対できなくなっていった。

4 (2)中国では，国民党と共産党が対立して内戦が続いていたが，日中戦争が始まると，内戦を一時停止し協力して戦うことを決め，抗日民族統一戦線を結成した。これ以降，抗日運動は中国全土に広まり，日中戦争が長引いた原因の一つとなった。
(3)下線部bの戦争は日中戦争。国家総動員法は日中戦争が長引くなかで戦時体制を強化するため1938年に制定された。
(4)大政翼賛会は，政党や政治団体などを統合するために結成された。

練習しよう 世界恐慌の「恐慌」を攻略！

恐慌

練習しよう 大政翼賛会の「翼」を攻略！

翼翼

ミス注意！ 五・一五事件と二・二六事件を，混同しないようにしよう。

ミス注意！ 中国で国民党(国民政府)を率いたのが蔣介石，共産党を率いたのは毛沢東。混同しないようにしよう。

p.62 ココが要点

❶第二次世界大戦　❷レジスタンス
❸日独伊三国同盟　❹大西洋憲章
❺日ソ中立条約　❻真珠湾
❼学童疎開　❽沖縄戦
❾ポツダム宣言

p.63 予想問題

1 (1)A独ソ不可侵条約　Bポーランド
Cフランス　Dユダヤ人
Eイタリア　Fアメリカ(合衆国)
(2)日独伊三国同盟
(3)枢軸国
(4)連合国

2 (1)A日ソ中立条約　Bミッドウェー海戦
C空襲
(2)〈例〉戦争に必要な資源を手に入れるため。
(3)太平洋戦争
(4)大東亜共栄圏
(5)学徒出陣
(6)広島(市)・長崎(市)(順不同)

解説

1 (1)BCイギリスとフランスは，ポーランドと同盟を結んでいた。

2 (2)東南アジアに植民地をもつアメリカ・イギリス・オランダは，日本の動きに警戒を強めた。
(4)日本が宣伝した「大東亜共栄圏」は，東南アジアの住民の支持を失っていった。

もうひとつプラス 第二次世界大戦の国際関係

日本・ドイツ・イタリア	日独伊三国同盟
イギリス・アメリカ	大西洋憲章
ソ連	独ソ不可侵条約 日ソ中立条約

もうひとつプラス 枢軸国の降伏

・イタリア→1943年９月に降伏
・ドイツ→1945年５月に降伏

練習しよう 学童疎開の「疎」を攻略！

疎　疎

ミス注意！ 枢軸国と連合国を混同しないようにしよう。

第６編　現代の日本と世界

p.64～p.65 ココが要点

❶連合国軍総司令部　❷極東国際軍事裁判
❸日本国憲法　❹国民主権
❺平和主義　❻教育基本法
❼財閥解体　❽労働基準法
❾農地改革　❿国際連合
⓫北大西洋条約機構　⓬中華人民共和国
⓭朝鮮特需
⓮サンフランシスコ平和条約
⓯日米安全保障条約　⓰日ソ共同宣言
⓱55年体制　⓲安保闘争

p.66～p.67 予想問題

1 (1)マッカーサー
(2)イ・ウ
(3)GHQ
(4)①財閥解体
②X労働基準法　Y労働組合法
③農地改革
(5)①日本国憲法
②公布　イ　施行　ウ
③国民主権・基本的人権の尊重・平和主義〔戦争の放棄〕(順不同)
(6)教育基本法

2 (1)国際連合〔国連〕
(2)冷たい戦争〔冷戦〕
(3)ア
(4)北大西洋条約機構〔NATO〕
(5)朝鮮民主主義人民共和国
(6)中華人民共和国

3 (1)①朝鮮戦争　②朝鮮特需
③自衛隊
(2)①サンフランシスコ平和条約
②ウ
③日米安全保障条約〔日米安保条約〕
④日ソ共同宣言

解説

1 (1)マッカーサーはアメリカ陸軍元帥。
(2)**イ**の沖縄は1972年，**ウ**の小笠原諸島は1968年に日本に返還された。**ア**の北海道は日本領とされ，**エ**の千島列島はソ連が占領した。

2 (2)地図中の**A**の国はソ連，**B**の国はアメリカ。直接戦火を交えなかったことから，冷たい戦争(冷戦)とよばれる。

3 (1)③朝鮮戦争をきっかけに，GHQの指令で警察予備隊が設置され，1952年には保安隊となり，1954年に保安隊に代わる組織として自衛隊が創設された。

(2)③日米安全保障条約では，日本の安全と東アジアの平和のために，アメリカの軍事基地が国内に残ることなどを認めた。

練習しよう 朝鮮特需の「需」を攻略！

需	需						

ミス注意！ 国際連合と，第一次世界大戦後に設立された国際連盟を混同しないようにしよう。

p.68～p.69 ココが要点

❶キューバ危機　❷アジア・アフリカ会議
❸EC　❹東南アジア諸国連合
❺ベトナム戦争　❻非核三原則
❼日韓基本条約　❽日中共同声明
❾日中平和友好条約　❿高度経済成長
⓫オリンピック・パラリンピック
⓬公害問題　⓭公害対策基本法
⓮環境庁　⓯石油危機
⓰バブル経済　⓱NIES
⓲マスメディア

p.70 予想問題

1 (1)ウ
(2)イ
(3)日韓基本条約
(4)持たず，つくらず，持ちこませず
(5)日中共同声明

2 (1)①高度経済成長　②石油危機
(2)①公害対策基本法　②環境庁
(3)バブル経済

解説

1 (1)アジア・アフリカ会議はインドネシアの首都市バンドンで開かれたことから，バンドン会議ともよばれる。

2 (1)②石油危機は第四次中東戦争をきっかけとして，1973年にアラブの産油国が石油価格の大幅な引き上げなどを実施したことから，世界経済が大きく混乱したことをいう。日本ではトイレットペーパーの買いだめが起こった。

ミス注意！ ヨーロッパ共同体の「EC」とヨーロッパ連合の「EU」を混同しないようにしよう。

p.71 ココが要点

❶ベルリンの壁　❷サミット
❸EU　❹APEC
❺少子高齢化　❻阪神・淡路大震災
❼東日本大震災　❽NGO
❾PKO

p.72 予想問題

1 (1)Xベルリン
Y冷たい戦争〔冷戦〕
(2)湾岸戦争
(3)ウ
(4)サミット
(5)A　EU　　B　APEC
(6)PKO

2 (1)失われた20年
(2)55年体制
(3)民主党
(4)東日本大震災

解説

1 (1)冷戦を背景に東ドイツ北東部にある都市ベルリンも東西に分けられた。冷戦が始まると東ドイツは東西ベルリンの間に壁をつくって人々の行き来をできなくした。

(3)アメリカ同時多発テロに対し，アメリカやイギリスなどが攻撃した国はアフガニスタン。地図中の**ア**はサウジアラビア，**イ**はイラン。

2 (3)2009年に第１党となった民主党は，国民の期待にこたえられず，2012年に再び自民党と公明党の連立内閣が成立した。

練習しよう 紛争の「紛」を攻略！

紛	紛						

ミス注意！ 1995年に起こったのは阪神・淡路大震災，2011年に起こったのは東日本大震災。混同しないようにしよう。

6 5 4
D C B A

中間・期末の攻略本

テストに出る！

5分間攻略ブック

日本文教版

社会
歴史

重要用語をサクッと確認

よく出る資料を
まとめておさえる

赤シートを
活用しよう！

テスト前に最後のチェック！
休み時間にも使えるよ♪

「5分間攻略ブック」は取りはずして使用できます。

第1編　私たちと歴史
第2編　1　人類の始まりと文明

教科書 p.8~p.27

◎まとめておぼえる！

時代・年代

◆西暦，世紀，年号（大化，承久，昭和）

- 紀元前は B.C.，紀元後は A.D.
- 例 3 世紀は紀元 201 年～ 300 年

人類の誕生

◆**猿人**→原人→旧人→**新人**

- 打製石器→旧石器時代
- 磨製石器・土器→新石器時代

古代文明

◆**メソポタミア文明**…くさび形文字，太陰暦

◆**エジプト文明**…象形文字，太陽暦

◆**インダス文明**…インダス文字

- 農耕・牧畜の普及→都市ができる→国家ができる→文明
- 文字や青銅器を使用
- 古代文明ののち，地中海沿岸でギリシャ文明やローマ帝国が栄える

中国の文明（黄河・長江流域）

◆殷…青銅器・**甲骨文字**

◆春秋・戦国の時代…孔子が教え（**儒教**）を説く

◆**秦**…始皇帝が初めて中国を統一

- 貨幣や度量衡を統一
- 北方の異民族の侵入を防ぐため万里の長城を整備

◆**漢**…西方と**シルクロード**で交易

◆朝鮮半島…漢が楽浪郡，のちに北に**高句麗**

宗教のおこり

◆仏教…紀元前 6 世紀ごろ，**シャカ**が開く

- 仏教は内陸アジア・中国・日本へ

◆**キリスト教**…１世紀初め，イエスが開く

- キリスト教はローマ帝国の国教となって広まった

◆**イスラム教**…７世紀，ムハンマドが開く

◎資料でおぼえる！

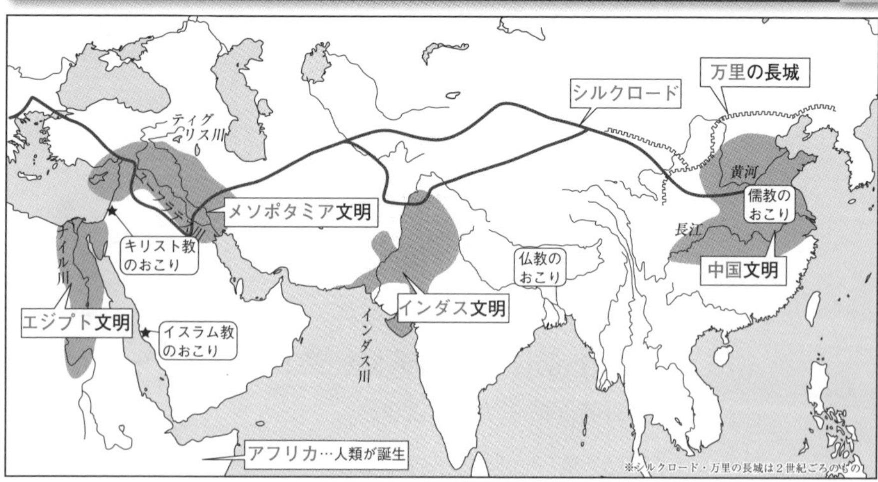

教科書 p.28~p.43

第2編　2　日本列島の人々と国家の形成

◎まとめておぼえる！

旧石器・縄文・弥生時代

◆旧石器時代…打製石器で大型動物の狩り

◆縄文時代…**縄文土器**・**竪穴住居**・貝塚

◆弥生時代…**稲作**と青銅器・鉄器。**弥生土器**
- 紀元前４世紀ごろ～紀元３世紀
- 木製の道具で耕し，石包丁で収穫
- 高床倉庫に米をたくわえる

奴の国王…漢に使いを送り金印を授かる

邪馬台国…女王卑弥呼が魏に使い

古墳時代

◆**古墳**…王や豪族の墓。埴輪をならべる

◆**ヤマト王権**…**大王**が各地の豪族を従える
- 九州や関東の出土品にワカタケル

中国の南朝に使い，朝鮮半島にも進出

◆**渡来人**…朝鮮半島から移住
- 土器（須恵器），漢字，仏教，儒教を日本に伝える。政治にも参加

飛鳥時代

◆中国…６世紀末に隋，７世紀に唐が統一
- 唐は律令を整え，都の長安は国際都市として栄える

◆朝鮮…７世紀，**新羅**が統一
- 中大兄皇子が百済救援に軍を出すが白村江の戦いで敗れる

◆**聖徳太子**が政治に参加する
- 蘇我氏と協力し，天皇中心の政治
- 冠位十二階の制度，十七条の憲法の制定，遣隋使の派遣

◆**飛鳥文化**…最初の仏教文化・法隆寺

◆**大化の改新**…**中大兄皇子**と中臣鎌足による政治改革（645 年）→公地公民の方針
- 中大兄皇子は天智天皇として即位
- 死後，壬申の乱に勝った天武天皇が即位

◆**大宝律令**（701 年）…律令国家の成立

◎資料でおぼえる！

大仙（仁徳陵）古墳…最大の前方後円墳

▼５世紀ごろの東アジア

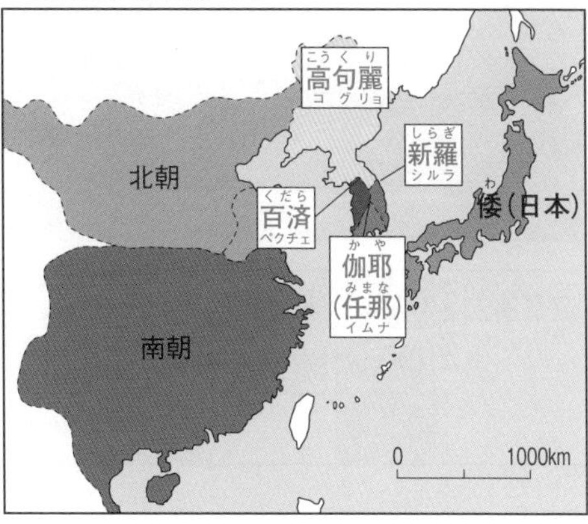

第2編　3　古代国家の展開

教科書 p.44~p.56

◎まとめておぼえる！

奈良時代

◆**平城京**に都を移す(710 年)
朝廷がおかれ，皇族・貴族・庶民が住む
国ごとに**国司**を派遣，郡には**郡司**を任命
◆**班田収授**…戸籍に基づき，６歳以上の男女に**口分田**を割り当てる
◆**墾田永年私財法**(743 年）…開墾を奨励
→荘園が広がる
◆**天平文化**…**聖武天皇**。唐と仏教の影響

・碁盤の目のような道路
・市では品物を取り引き，貨幣の和同開珎も使われる

・九州北部には大宰府をおき，外交や防衛にあたる

・聖武天皇は国ごとに国分寺・国分尼寺，奈良に東大寺を建てさせる
・行基が大仏づくりに協力
・遣唐使の派遣，唐から鑑真が来日
・『古事記』・『日本書紀』（歴史書），『風土記』，『万葉集』（歌集）

平安時代

◆桓武天皇が**平安京**に都を移す(794 年)
征夷大将軍**坂上田村麻呂**が蝦夷を平定
◆**最澄**の天台宗(比叡山延暦寺)，
空海の真言宗(高野山金剛峯寺)
浄土信仰が広まる→平等院鳳凰堂
◆**摂関政治**…藤原氏が摂政・関白を独占
藤原道長・頼通のとき全盛
◆**国風文化**…寝殿造・かな文字の文学

・娘を天皇のきさきにした

・『竹取物語』，紫式部『源氏物語』，清少納言『枕草子』，紀貫之ら『古今和歌集』

◎資料でおぼえる！

▼正倉院（正倉）

かな文字

かたかな		ひらがな
阿→ア	江→エ	安→安→あ→あ
伊→イ	於→オ	以→い→い→い→い
宇→ウ		宇→宇→宇→う

▼奈良時代の主な税負担

租	収穫量の約３％の稲
調	地方の特産物（絹・魚など）
庸	麻の布
労役	雑徭：年間 60 日以内の労働
兵役	衛士：１年，防人：３年

藤原道長の歌
この世をば我が世とぞ思う
望月のかけたることも無しと思えば

第3編1　古代から中世へ
2　鎌倉幕府の成立

教科書 p.68~p.84

◎まとめておぼえる!

武士のおこり

◆武士団の成長→源氏・平氏が有力
◆奥州藤原氏…東北地方の平泉で栄える

院政と平氏の政治

◆白河上皇が院政を開始(1086年)
◆平清盛が武士で初めて政権をにぎる
・保元の乱・平治の乱で勢力を拡大
・兵庫の港を整え日宋貿易
→源頼朝の弟義経が平氏をほろぼす
・壇ノ浦の戦い

鎌倉時代

◆鎌倉幕府…源頼朝が開く
・国ごとに守護，荘園に地頭
・1192年，征夷大将軍に任命される
将軍と御家人は，御恩と奉公の関係
◆執権政治…北条氏が執権を独占
◆承久の乱(1221年)…後鳥羽上皇が敗北
・承久の乱後，京都に六波羅探題設置
◆御成敗式目(1232年)…北条泰時による
・貞永式目とも。武家社会のならわし
◆農業…稲・麦の二毛作，商業…定期市開催
◆武士の台頭で文化に新しい動き
・軍記物語『平家物語』…琵琶法師
・和歌集『新古今和歌集』
・随筆集…鴨長明『方丈記』，兼好法師『徒然草』
◆元寇…執権北条時宗のとき元が襲来
・チンギス=ハンがモンゴル帝国
・フビライ=ハンが国号を元とする
・文永の役・弘安の役
御家人の生活悪化→徳政令

◎資料でおぼえる!

鎌倉幕府のしくみ

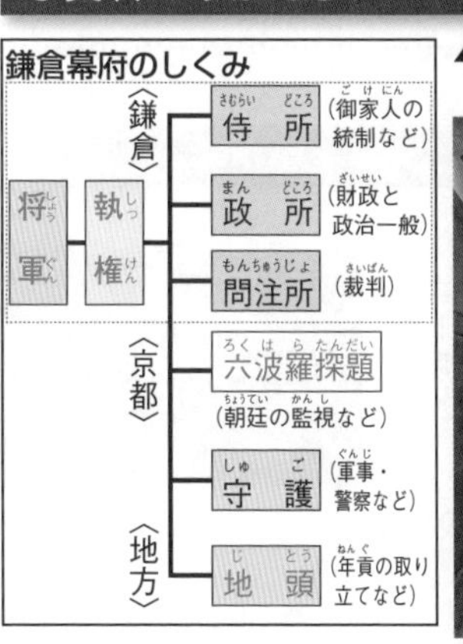

▲運慶・快慶らの金剛力士像

▼元寇のようす

火薬を使った火器「てつはう」

集団戦法で戦う元軍　　幕府軍の御家人

▼鎌倉時代の新しい仏教

開祖	法然	親鸞	一遍	日蓮	栄西	道元
宗派	浄土宗	浄土真宗(一向宗)	時宗	日蓮宗(法華宗)	禅宗	

教科書
p.88~p.101

第3編　3　室町幕府と下剋上

◎まとめておぼえる！

南北朝時代と室町時代

◆鎌倉幕府がほろぶ…**後醍醐天皇**の倒幕
→・楠木正成・足利尊氏・新田義貞が協力

◆**建武の新政**…後醍醐天皇による
→・公家重視の政策

◆南北朝の動乱…南朝（**吉野**），北朝（**京都**）

◆**室町幕府**…足利尊氏が開く（1338 年）
　3代将軍**足利義満**が南北朝を合一
→・将軍の補佐…管領。守護大名成長

東アジアとの交流

◆中国…明の建国。**勘合貿易**で交易
→・倭寇のとりしまりを明から求められた足利義満が朝貢形式で行う。銅銭の輸入

◆朝鮮…高麗がほろび，朝鮮がおこる

◆琉球…**琉球王国**の成立。都は首里
→・中継貿易で栄える

◆蝦夷地…**アイヌ民族**が和人と交易

産業の発展

→・土倉・酒屋…高利貸し
・問（問丸）…運送業・倉庫業
・馬借・車借…陸上の運送業
・定期市の回数増加，交通の発達

◆**座**…商人・手工業者の同業者団体

◆農村…自治組織の**惣**→団結を固め**土一揆**

戦国時代

◆**応仁の乱**（1467 年～）→**下剋上**の風潮
→・８代将軍足利義政の相続争いと，守護大名の対立が原因

◆山城国一揆，加賀の**一向一揆**→自治
　京都では**町衆**による自治

◆**戦国大名**の登場…城下町・**分国法**制定

◎資料でおぼえる！

▼15 世紀の東アジア

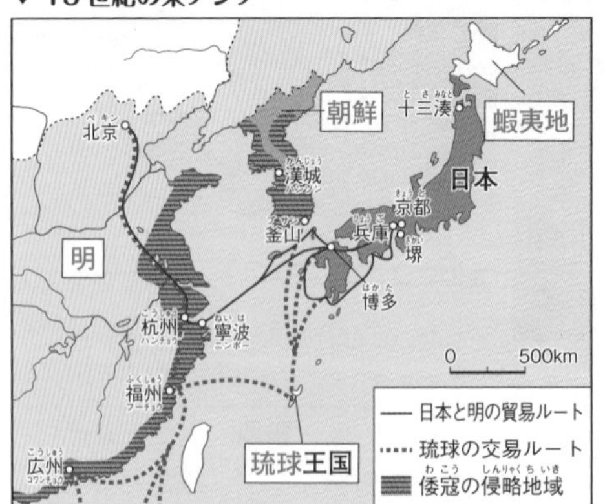

金閣（鹿苑寺）
公家の文化と武家の文化が混じり合っている

▼室町時代の文化

北山文化… 足利義満	・金閣 ・観阿弥・世阿弥…能（能楽）
東山文化… 足利義政	・銀閣…書院造 ・雪舟…水墨画
民衆の文化	・狂言，連歌 ・お伽草子

第4編　1　中世から近世へ

教科書
p.112~p.123

◎まとめておぼえる！

ヨーロッパの動き

◆ローマ教皇がイスラム教世界に**十字軍**派遣

◆**ルネサンス**(文芸復興）…14 世紀から

◆**宗教改革**…ドイツの**ルター**らが始める

カトリック教会とプロテスタントが対立

◆新航路の開拓…ポルトガル・**スペイン**

アメリカ大陸がヨーロッパの**植民地**に

ヨーロッパ人の来航

◆**鉄砲**の伝来(1543 年）…種子島

◆キリスト教伝来…**フランシスコ＝ザビエル**

安土桃山時代

◆**織田信長**…桶狭間の戦い→室町幕府滅亡

→長篠の戦い。安土城下に**楽市**令

◆**豊臣秀吉**…信長の後継者。全国統一達成

太閤検地と**刀狩**→兵農分離

朝鮮に二度大軍を送る→失敗

◆**南蛮貿易**が盛んに→南蛮文化が広まる

桃山文化

◆豪華で雄大な文化…大名や町衆の気風

・カトリック教会→イエズス会設立

・香辛料・絹織物などをアジアから直接手に入れるため
・バスコ＝ダ＝ガマ，コロンブス，マゼランが航路を開く

・オランダはアジア貿易

・長篠の戦いで鉄砲を効果的に使用
・仏教勢力をおさえる

・大阪城を築く
・朝廷から関白に任じられる
・キリスト教の布教を禁止

・ポルトガル人, スペイン人…南蛮人

・天守閣をもつ城（姫路城など）
・狩野永徳…障壁画
・千利休…わび茶
・出雲阿国…歌舞伎

◎資料でおぼえる！

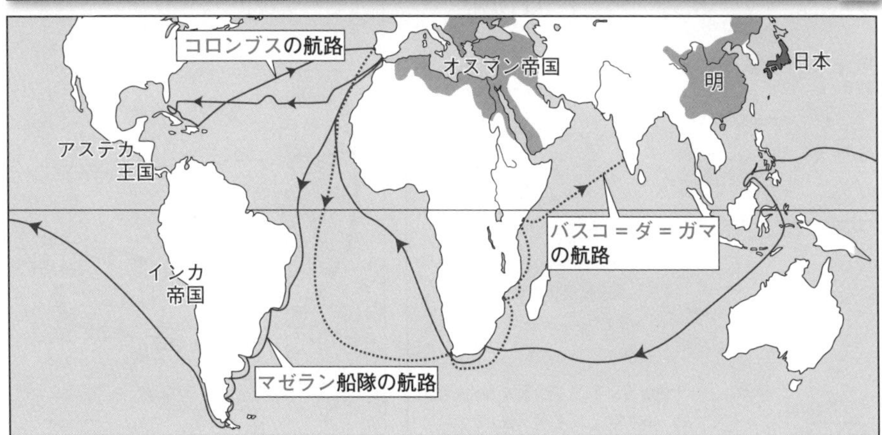

第4編　2　江戸幕府の成立と東アジア

教科書 p.126~p.135

◎まとめておぼえる！

江戸幕府のしくみ

◆関ヶ原の戦い→徳川家康が幕府を開く

◆幕藩体制…江戸幕府と藩が全国を支配

武家諸法度で大名を統制…参勤交代

武士…支配身分，名字・帯刀の特権

・親藩…徳川氏の一族
譜代大名…関ヶ原より前の家臣
外様大名…関ヶ原以後

朱印船貿易から鎖国へ

◆朱印船貿易→東南アジア各地に日本町

・海外渡航を許可する朱印状を発行

◆キリスト教徒の増加→徳川家光が禁教強化

◆島原・天草一揆(1637 年)→鎖国体制へ

・禁教の徹底→踏絵，宗門改帳
・ポルトガル船の来航を禁止
・オランダ商館を長崎の出島に移す
・中国とも長崎で貿易

隣接地域との関係

◆朝鮮…将軍の代替わりごとに朝鮮通信使

・対馬藩をなかだちに正式な国交

◆琉球王国…薩摩藩が征服。琉球使節

◆蝦夷地…シャクシャインの戦い

・アイヌの人々が松前藩との不利な取引に不満

江戸時代の身分制度

◆百姓…土地をもつ本百姓には年貢を納める義務→五人組で連帯責任

・本百姓が村役人になり村を運営
・役人…庄屋(名主)・組頭・百姓代

◆町人…商人と職人。町役人が町を運営

◆「えた」・「ひにん」…差別を受ける

◎資料でおぼえる！

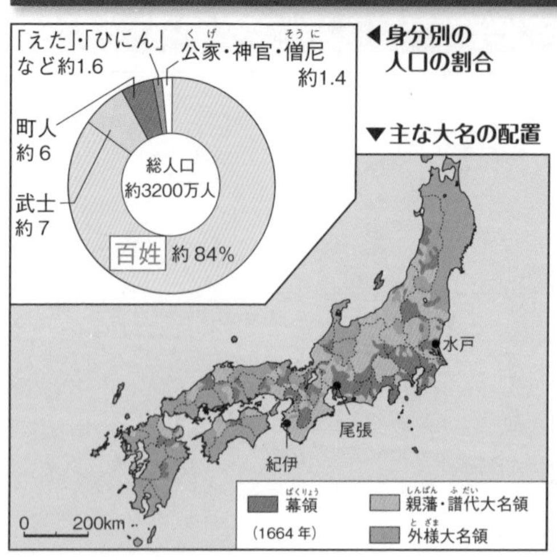

◀身分別の人口の割合

▼主な大名の配置

▼鎖国下の窓口と相手国

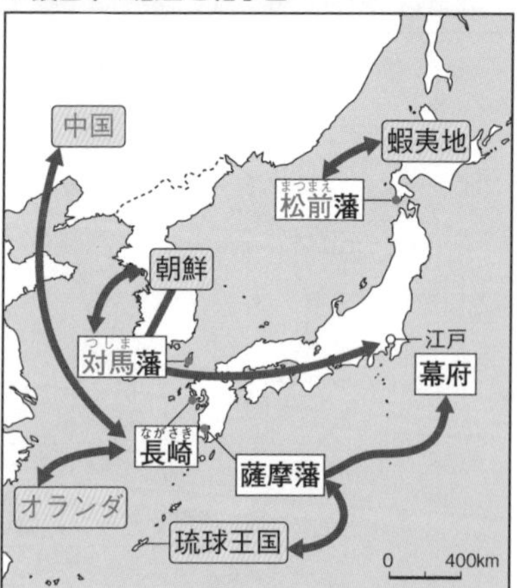

第4編　3　産業の発達と元禄文化　4　幕府政治の改革と農村の変化

教科書 p.138~p.153

◎まとめておぼえる！

産業の発達と都市

◆農業…**新田開発**。備中ぐわ・千歯こき

◆三都…**江戸**・大阪・京都
- 大阪は諸藩の蔵屋敷がおかれ，「天下の台所」とよばれる

◆**元禄文化**…上方の町人が中心

幕府政治の改革

◆５代将軍**徳川綱吉**…儒学(朱子学)重視
- 生類憐みの令
- 質を落とした貨幣を発行

◆８代将軍**徳川吉宗**…**享保の改革**(1716 年～)
- 目安箱の設置
- 公事方御定書の制定

◆老中**田沼意次**…株仲間の奨励

◆老中**松平定信**…**寛政の改革**(1787 年～)
- 朱子学を奨励
- 旗本・御家人の借金帳消し

農村の変化と民衆の動き

◆農村…小作人が増え，地主が出現
- 商品作物の栽培→貨幣経済

◆**問屋制家内工業**→**工場制手工業**

◆ききんの発生→**百姓一揆**・打ちこわし

新しい学問と文化

◆学問…国学・蘭学
- 国学…本居宣長『古事記伝』
- 蘭学…杉田玄白ら『解体新書』，伊能忠敬の正確な日本地図

◆**化政文化**…江戸の民衆が中心。瓦版の発行

◎資料でおぼえる！

▼江戸時代の交通網

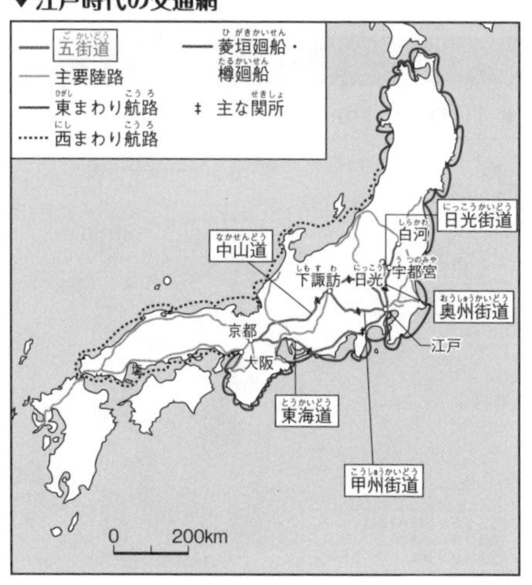

▼元禄文化

分野	内容	人物
文学	浮世草子（小説）	井原西鶴
	人形浄瑠璃の台本	近松門左衛門
	俳諧	松尾芭蕉
演劇	歌舞伎	
絵画	装飾画	俵屋宗達 尾形光琳
	浮世絵	菱川師宣

▼化政文化

分野	内容	人物
文学	『東海道中膝栗毛』	十返舎一九
	『南総里見八犬伝』	滝沢(曲亭)馬琴
	俳諧	与謝蕪村・小林一茶
	狂歌・川柳…世の中を風刺	
錦絵	美人画	喜多川歌麿
	風景画	葛飾北斎 歌川広重

第５編第１章　1　欧米の発展とアジアの植民地化

教科書 p.162~p.171

◎まとめておぼえる！

産業革命の影響

◆ 18世紀，イギリスで**産業革命**が起こる
- ・蒸気機関を動力とする機械により綿織物などを工場で大量生産

◆**資本主義**…資本家が労働者をやとう
- ・労働者は労働組合をつくり労働運動

社会主義…資本主義を批判
- ・マルクスがとなえた，生産手段を共有し平等な社会をつくる考え

市民革命

◆イギリス…議会政治の確立

ピューリタン革命→共和政治
- ・クロムウェルが指導

名誉革命(1688年)→権利の章典

◆アメリカ…イギリスの植民地

独立戦争を起こし**独立宣言**発表(1776年)

アメリカ合衆国の成立
- ・初代大統領ワシントン

◆フランス…**フランス革命**(1789年)

→人権宣言発表→**ナポレオン**が皇帝に

◆啓蒙思想…ロック・モンテスキュー・ルソー
- ・ロック…社会契約説，抵抗権
- ・モンテスキュー…三権分立
- ルソー…社会契約説，人民主権

◆アメリカ…**南北戦争**(1861年～)→北部勝利
- ・南部は自由貿易，奴隷制度維持
- ・北部はリンカーン大統領が指導
- 奴隷解放宣言を出す

ヨーロッパ諸国のアジア侵略

◆インド…**インド大反乱**→イギリス領に

◆清…イギリスと**アヘン戦争**(1840年)

→**南京条約**。洪秀全が**太平天国**をつくる
- ・イギリスが清にアヘンを輸出

◎資料でおぼえる！

権利の章典　（イギリス）

・議会の同意なしに，国王は法律を停止することはできない。

・国王は，議会の同意なしに，税を徴収することはできない。

人権宣言　（フランス）

第１条　人は，生まれながらにして，自由・平等である。

第３条　主権は国民にある。

（部分要約）

▼ 19世紀後半のアジア

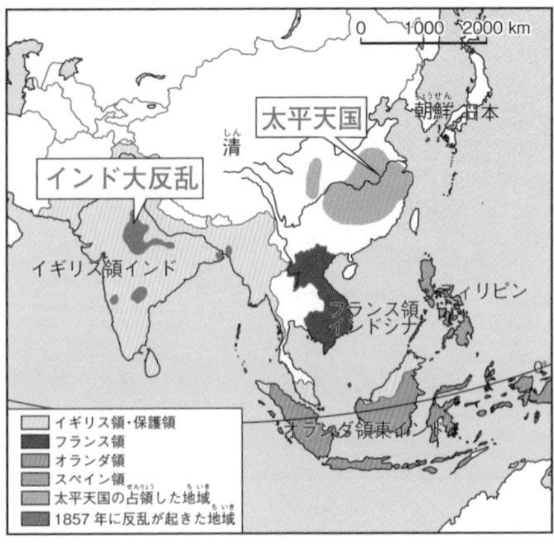

第5編第1章　2　近世から近代へ　3　近代国家へのあゆみ①

教科書 p.172~p.188

◎まとめておぼえる！

ゆらぐ幕府の支配

- ◆外国船の接近→**異国船打払令**（1825 年）
- ◆天保のききん→大阪で**大塩平八郎**の乱
- ◆老中水野忠邦…**天保の改革**（1841 年〜）
  - ・株仲間の解散
  - ・江戸・大阪周辺を幕府の直轄地にしようとして失敗

開国と江戸幕府の滅亡

- ◆**ペリー**来航→**日米和親条約**（1854 年）
  - ・アメリカから浦賀に来航
- ◆**日米修好通商条約**（1858 年）…不平等
  領事裁判権を認め，**関税自主権**がない
  - ・大老井伊直弼が結ぶ
  - ・安政の大獄→桜田門外で暗殺
- ◆**尊王攘夷運動**が高まる…薩摩藩・長州藩
  薩長同盟…坂本龍馬らと連携
  - ・長州藩では木戸孝允が，薩摩藩では西郷隆盛・大久保利通が中心
- ◆**大政奉還**→**王政復古の大号令**→**戊辰戦争**
  - ・最後の将軍は徳川慶喜

明治維新

- ◆**五箇条の御誓文**…新政府の政治の方針
- ◆**版籍奉還**→**廃藩置県**（1871 年）
  - ・中央集権国家の基礎となる
- ◆「解放令」→**四民平等**に
- ◆**富国強兵**…殖産興業・学制公布など
- ◆**文明開化**…衣食住が変化
  - ・福沢諭吉…『学問のすゝめ』
  - ・中江兆民…フランスの思想を紹介

◎資料でおぼえる！

▼条約と開港した港

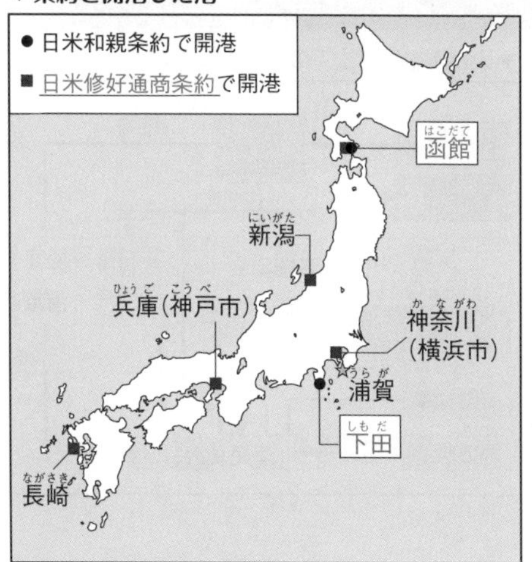

▼皇族・華族・士族・平民などの割合

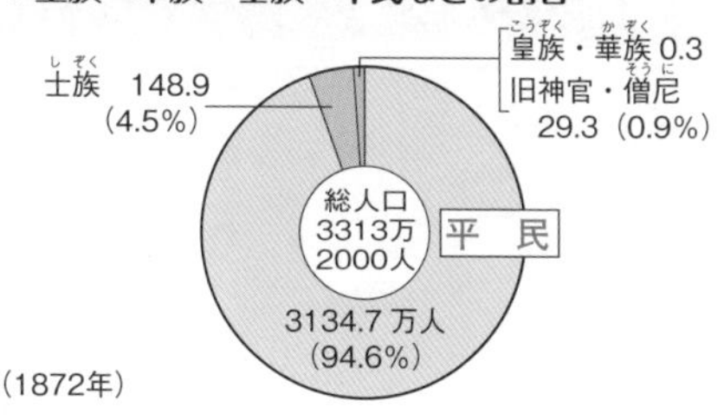

▼富国強兵政策

殖産興業	官営模範工場（富岡製糸場）など
徴兵令	1873 年。満 20 歳以上の男子
地租改正	1873 年。地券を発行，地価の3%を現金で納税→のちに 2.5%

第5編第1章　3　近代国家へのあゆみ②
4　立憲制国家の成立

教科書 p.190~p.201

◎まとめておぼえる！

近代的な国際関係と領土の画定

◆**岩倉使節団**…欧米の制度や文化を視察
- ・代表岩倉具視。条約改正が目的

◆清との関係…**日清修好条規**
◆朝鮮との関係…日朝修好条規
- ・日清修好条規は対等な条約，日朝修好条規は朝鮮に不利な条約

◆ロシアと**樺太・千島交換条約**
◆琉球王国…琉球藩を設置→沖縄県設置
◆蝦夷地…開拓使をおき北海道に改める
- ・北海道の開拓と防備を担う，屯田兵を配置

士族の反乱と自由民権運動
- ・士族は帯刀の特権・俸禄の支給を廃止され，政府に不満をもつ

◆征韓論…西郷隆盛や板垣退助が決定
→大久保利通らに反対され，政府を去る
◆**西南戦争**(1877 年）…西郷隆盛中心
◆**民撰議院(国会)設立建白書**(1874 年)
- ・板垣退助らが立憲制国家を要求
- ・自由民権運動の始まり
- ・各地で私擬憲法の作成
- ・のちに過激化し秩父事件(埼玉県)などが起こる

◆**国会期成同盟**…大阪で結成(1880 年)
◆国会開設の勅諭(1881 年)
◆板垣退助→**自由党**，大隈重信→**立憲改進党**

内閣制度と大日本帝国憲法

◆内閣制度…**伊藤博文**が初代内閣総理大臣
◆**大日本帝国憲法**(1889 年）…天皇主権
- ・ドイツの憲法を参考にする
- ・帝国議会は貴族院・衆議院で構成
- ・翌年，教育勅語で忠君愛国の道徳

◆第1回衆議院議員総選挙→藩閥政府
- ・選挙権は，直接国税を 15 円以上納める満 25 歳以上の男子

◎資料でおぼえる！

▼大日本帝国憲法下の統治のしくみ

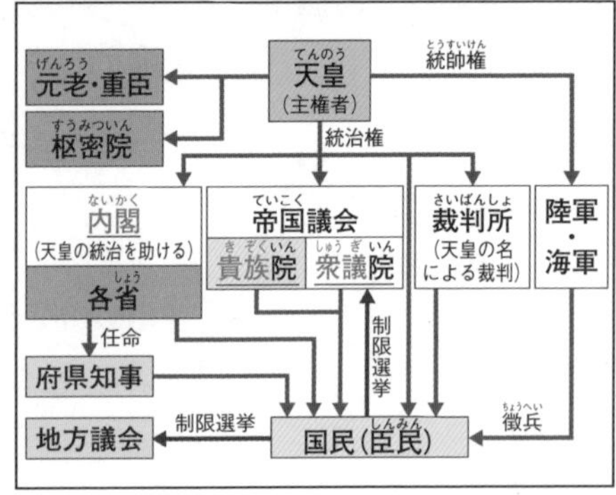

第5編第1章 5 日清・日露の戦争と東アジアの動き
6 近代の日本の社会と文化

教科書 p.202~p.214

◎まとめておぼえる！

条約改正
- ・鹿鳴館などの欧化政策は失敗
- ・ノルマントン号事件→世論高まる

◆**陸奥宗光**…治外法権の撤廃(1894 年)
◆**小村寿太郎**…関税自主権の回復(1911 年)

日清戦争
◆甲午農民戦争(1894 年)→**日清戦争**に発展
翌年，**下関条約**→三国干渉を受ける
- ・ロシア・フランス・ドイツが，日本が得た遼東半島の返還を要求

日露戦争
- ・与謝野晶子「君死にたまふことなかれ」
- ・東郷平八郎が日本海海戦で勝利
- ・アメリカの仲介で講和
- ・賠償金を得られず日本国民は不満

◆欧米の侵略に対し，清で**義和団事件**
◆**日英同盟**(1902 年) …共同でロシアに対抗
◆**日露戦争**(1904 ～ 05 年)→**ポーツマス条約**
満州に**南満州鉄道株式会社(満鉄)**設立

東アジアの変化
◆韓国…日本が**韓国併合**(1910 年)
- ・朝鮮総督府をおく

◆中国…**孫文**を中心に**辛亥革命**→**中華民国**
- ・孫文は三民主義をとなえる

日本の社会と文化
◆産業革命…日清戦争のころ軽工業(紡績・製糸)，日露戦争のころ重工業で進行
- ・労働運動→治安警察法で弾圧
- ・社会主義運動…社会民主党結成→大逆事件で幸徳秋水らが死刑
- ・足尾鉱毒事件…田中正造が被害の救済に努める

官営**八幡製鉄所**を設立，**財閥**が経済を支配

◎資料でおぼえる！

▼日本・清・朝鮮・ロシアの関係の風刺画

▼日露戦争前の各国の関係図

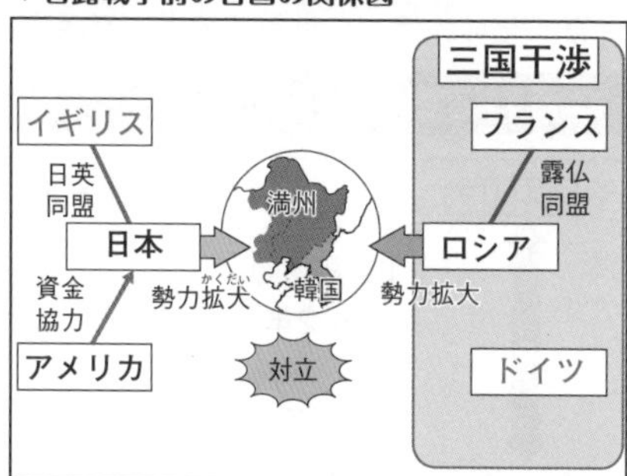

▼明治時代の学問・文化

医学	北里柴三郎	破傷風血清療法	小説	森鷗外	『舞姫』	日本画	横山大観
	志賀潔	赤痢菌の発見		樋口一葉	『たけくらべ』	西洋画	黒田清輝
	野口英世	黄熱病の研究		夏目漱石	『吾輩は猫である』	彫　刻	荻原守衛

第5編第2章　1　第一次世界大戦と戦後の世界　2　大正デモクラシーの時代

教科書 p.224~p.236

◎まとめておぼえる！

第一次世界大戦(1914年)

- 三国同盟と三国協商が対立
- 新兵器投入で，総力戦になった
- 日本は日英同盟を口実に連合国側で参戦

◆サラエボ事件→**第一次世界大戦**開始

◆**ロシア革命**(1917年)…レーニンの指導

ソビエト社会主義共和国連邦(ソ連)成立

◆日本は中国に**二十一か条の要求**

大戦景気→三井・三菱などの**財閥**が成長

シベリア出兵で米が値上がり→**米騒動**

大戦後の世界

◆パリ講和会議…**ベルサイユ条約**(1919年)

- 民族自決の提唱→独立国が生まれる
- 国際連盟発足…アメリカのウィルソン大統領の提案

◆インド…**ガンディー**が非暴力・不服従運動

◆朝鮮…**三・一独立運動**

◆中国…**五・四運動**

- 孫文が中国国民党(国民党)をつくる
- 中国共産党も結成される

◆**ワシントン会議**(1921年)…海軍軍縮など

大正デモクラシー

- 女性解放運動…平塚らいてうらが新婦人協会設立
- 部落解放運動…全国水平社結成

◆**護憲運動**…吉野作造の**民本主義**

◆**原敬**…本格的な**政党内閣**の成立(1918年)

◆**普通選挙法**と**治安維持法**の成立(1925年)

- 選挙権は満25歳以上の男子
- ドイツではワイマール憲法で男女の普通選挙が実現（1919年）

◆都市…**労働争議**，農村…**小作争議**

大正時代の生活・文化

◆都市化・生活様式の洋風化が進む

◆文化の大衆化…**ラジオ放送**・出版物増加

- 電気・水道・ガス。洋服・洋食
- 関東大震災（1923年）で被害
- 芥川龍之介…『羅生門』

◎資料でおぼえる！

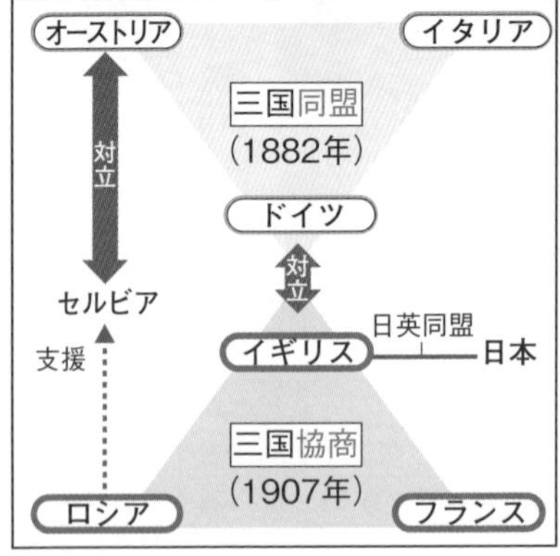

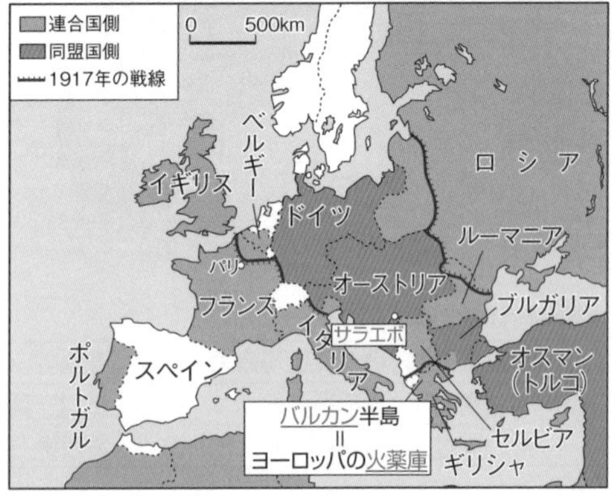

第5編第2章　3　世界恐慌と日本
4　第二次世界大戦と日本

教科書 p.238~p.253

◎まとめておぼえる！

世界恐慌

◆世界恐慌(1929 年)
- ・ニューヨークで株価が大暴落
- ・ソ連は計画経済で影響なし

ファシズムの台頭
- ・ドイツ…ヒトラー（ナチ党）
- ・イタリア…ムッソリーニ（ファシスト党）

アメリカ…ニューディール政策

イギリス・フランス…ブロック経済政策

日本の恐慌と対応

◆金融恐慌(1927 年)→世界恐慌の影響

◆満州事変(1931 年～)→「満州国」建国
- ・国際連盟に認められず脱退する

◆軍部の台頭…五・一五事件, 二・二六事件
- ・五・一五事件で犬養毅首相が暗殺され, 政党内閣の時代が終わる

◆日中戦争(1937 年)
- ・戦時体制…国家総動員法の制定, 隣組を組織, 大政翼賛会の発足

第二次世界大戦(1939 年～ 1945 年)

◆独ソ不可侵条約→ドイツのポーランド侵攻

→第二次世界大戦開戦
- ・各地で抵抗運動（レジスタンス）
- ・枢軸国…日本・ドイツ・イタリア
- ・連合国…大西洋憲章のアメリカ・イギリスやソ連など

太平洋戦争(1941 年～ 1945 年)

◆日独伊三国同盟, 日ソ中立条約

◆真珠湾・マレー半島を攻撃→太平洋戦争
- ・東条英機内閣・「大東亜共栄圏」
- ・ミッドウェー海戦で戦局が悪化

◆学徒出陣, 勤労動員, 学童疎開

◆ 1945 年 3 月東京大空襲, 沖縄戦

8 月 6 日広島・9 日長崎に原子爆弾投下

8 月 14 日ポツダム宣言を受諾し降伏
- ・15日にラジオ放送で国民に伝える

◎資料でおぼえる！

▼原爆ドーム

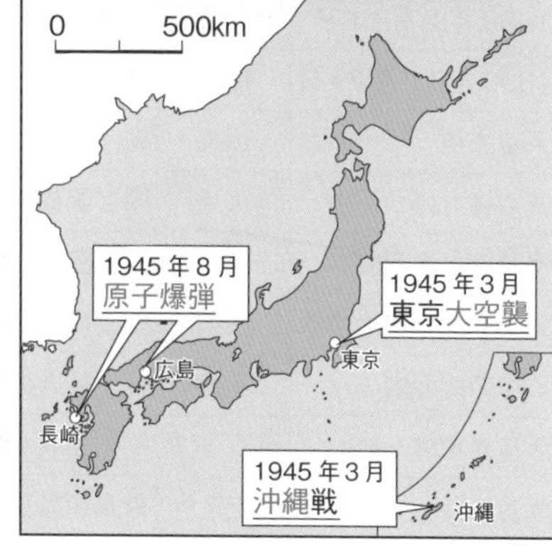

第6編　1　平和と民主化　2　冷戦下の世界と経済大国化する日本　3　グローバル化と日本の課題

教科書 p.264~p.291

◎まとめておぼえる！

日本の非軍事化・民主化
- ◆連合国軍総司令部(GHQ)が主導
- ◆日本国憲法の公布(1946年)

・マッカーサーがGHQの最高司令官
・教育基本法の制定，民法の改正
・労働組合法・労働基準法の制定
・財閥解体・農地改革

戦後の世界
- ◆国際連合(国連)発足(1945年10月)
- ◆冷たい戦争(冷戦)…米ソの対立

・ドイツ，朝鮮半島が分裂
・中華人民共和国建国…毛沢東主席
・アジア・アフリカ会議(1955年)

日本の独立と国際社会への復帰

・朝鮮戦争→朝鮮特需，自衛隊

- ◆サンフランシスコ平和条約(1951年)
  - ・吉田茂。同時に日米安全保障条約
- ◆日ソ共同宣言→国際連合加盟(1956年)
- ◆55年体制…自民党と社会党成立
- ◆国交正常化…韓国・中国
  - ・韓国…日韓基本条約，中国…日中共同声明・日中平和友好条約
- ◆沖縄返還(1972年)…非核三原則
- ◆高度経済成長…石油危機(1973年)まで
  - ・オリンピック・パラリンピック東京大会(1964年)

  公害問題が発生→環境庁設置

冷戦終結後の世界
- ◆ベルリンの壁崩壊→冷戦の終結→ソ連解体
- ◆日本…バブル経済→崩壊，阪神・淡路大震災(1995年)，東日本大震災(2011年)

・主要国首脳会議（サミット）
・ヨーロッパ連合（EU）結成
・地域紛争の発生→国連の平和維持活動（PKO）に自衛隊も参加

◎資料でおぼえる！

▼憲法の比較

大日本帝国憲法		日本国憲法
1889年2月11日	発布・公布	1946年11月3日
1890年11月29日	施行	1947年5月3日
天皇主権	主権	国民主権
統治権を持つ元首	天皇	国と国民統合の象徴
衆議院と貴族院	国会	衆議院と参議院
天皇を助け統治する	内閣	国会に責任を負う
法律の範囲内	人権	基本的人権の尊重
天皇が軍隊を統帥	戦争・戦力	平和主義(戦争放棄)
規定なし	地方自治	首長・議員を選挙

▼冷戦期の世界（1946～55年ごろ）